Landesbauordnung für das Land Schleswig-Holstein (LBO)

Vom 22. Januar 2009

Zum 31.03.2015 aktuellste verfügbare Fassung der Gesamtausgabe

2. Auflage 2015

Impressum

© MGJV-Verlag, Hans-Much-Weg 14, 20249 Hamburg, Telefon: 040/ 32030589; Bitte wenden Sie sich mit Ihren Anliegen auch auf elektronischem Wege an uns: MGJV.Verlag@gmail.com

Inhaltliche Verantwortung und Aktualität: Redaktion MGJV

Satz, Druck und Bindung: Externe Dienstleister; alle Rechte MGJV-Verlag

Umschlaggestaltung: Gustav Broedecker. Alle Rechte MGJV-Verlag

Wir sind bemüht, ein ansprechendes Produkt zu gestalten, dass angemessenen Ansprüchen an das Preis/Leistungsverhältnis und vernünftigen Qualitätserwartungen gerecht wird. Konstruktive Anregungen nutzen wir gerne, um künftige Auflagen zu ergänzen und anzupassen.

- - - - -

Über eine Bewertung bei Amazon oder anderen Distributoren freut sich die Redaktion.Mit Kritik und Verbesserungsvorschlägen für künftige Ausgaben wenden Sie sich auch gerne an MGJV.Verlag@gmail.com

Vielen Dank, Ihre Redaktion MGJV

1

Inhaltsverzeichnis

5

Landesbauordnung für das Land Schleswig-Holstein (LBO)
Vom 22. Januar 2009
Zum 31.03.2015 aktuellste verfügbare Fassung der Gesamtausgabe

Erster Teil

Allgemeine Vorschriften
§ 1
Anwendungsbereich

(1) Dieses Gesetz gilt für bauliche Anlagen und Bauprodukte. Es gilt auch für Grundstücke sowie für andere Anlagen und Einrichtungen, an die in diesem Gesetz oder in Vorschriften aufgrund dieses Gesetzes Anforderungen gestellt werden.

(2) Dieses Gesetz gilt nicht für

1.

   Anlagen des öffentlichen Verkehrs einschließlich Zubehör, Nebenanlagen und Nebenbetriebe, ausgenommen Gebäude,

2.

   Anlagen, die der Bergaufsicht unterliegen, ausgenommen Gebäude,

3.

   Leitungen, die der öffentlichen Versorgung mit Wasser, Gas, Elektrizität, Wärme, der öffentlichen Abwasserentsorgung oder der Telekommunikation dienen,

4.

   Rohrleitungen, die dem Ferntransport von Stoffen dienen,

5.

   Kräne und Krananlagen mit Ausnahme der Kranbahnen und Kranfundamente,

6.

Schiffe und schwimmende Anlagen in Häfen, für die wasserverkehrsrechtliche Regelungen getroffen sind.

§ 2
Begriffe

(1) Bauliche Anlagen sind mit dem Erdboden verbundene, aus Bauprodukten hergestellte Anlagen; eine Verbindung mit dem Boden besteht auch dann, wenn die Anlage durch eigene Schwere auf dem Boden ruht oder auf ortsfesten Bahnen begrenzt beweglich ist oder wenn die Anlage nach ihrem Verwendungszweck dazu bestimmt ist, überwiegend ortsfest benutzt zu werden. Bauliche Anlagen sind auch

1.

   Aufschüttungen und Abgrabungen,

2.

   Lagerplätze, Abstellplätze und Ausstellungsplätze, ausgenommen Bootslagerplätze am Meeresstrand,

3.

   Zelt- und Campingplätze,

4.

   Stellplätze für Kraftfahrzeuge und deren Zufahrten, Abstellanlagen für Fahrräder,

5.

   künstliche Hohlräume unter der Erdoberfläche,

6.

   Sport- und Spielflächen,

7.

   Bolz- und Kinderspielplätze,

8.

   Freizeit- und Vergnügungsparks,

9.

Golfplätze,

10.

Sportboothäfen,

11.

Gerüste,

12.

Hilfseinrichtungen zur statischen Sicherung von Bauzuständen.

Anlagen sind bauliche Anlagen und sonstige Anlagen und Einrichtungen im Sinne des § 1 Abs. 1 Satz 2.

(2) Gebäude sind selbstständig benutzbare, überdeckte bauliche Anlagen, die von Menschen betreten werden können und geeignet oder bestimmt sind, dem Schutz von Menschen, Tieren oder Sachen zu dienen.

(3) Gebäude werden in folgende Gebäudeklassen eingeteilt, wobei sich die maßgebliche Höhe nach Satz 2 bestimmt:

1.

Gebäudeklasse 1:

a)

freistehende Gebäude mit einer Höhe bis zu 7 m und nicht mehr als zwei Nutzungseinheiten von insgesamt nicht mehr als 400 m² und

b)

freistehende land- oder forstwirtschaftlich genutzte Gebäude,

2.

Gebäudeklasse 2:

Gebäude mit einer Höhe bis zu 7 m und nicht mehr als zwei Nutzungseinheiten von insgesamt nicht mehr als 400 m2,

3.

Gebäudeklasse 3:

sonstige Gebäude mit einer Höhe bis zu 7 m,

4.

Gebäudeklasse 4:

Gebäude mit einer Höhe bis zu 13 m und Nutzungseinheiten mit jeweils nicht mehr als 400 m2,

5.

Gebäudeklasse 5:

sonstige Gebäude einschließlich unterirdischer Gebäude.

Höhe im Sinne des Satzes 1 ist das Maß der Fußbodenoberkante des höchstgelegenen Aufenthaltsraumes über der festgelegten Geländeoberfläche im Mittel an den Gebäudeaußenwänden des jeweiligen Gebäudes. Die festgelegte Geländeoberfläche ist die in einem Bebauungsplan festgesetzte oder in der Baugenehmigung oder Teilbaugenehmigung bestimmte Geländeoberfläche; andernfalls gilt die Höhe der natürlichen Geländeoberfläche als festgelegt. Die Grundflächen der Nutzungseinheiten im Sinne dieses Gesetzes sind die Brutto-Grundflächen; bei der Berechnung der Brutto-Grundflächen nach Satz 1 bleiben Flächen in Kellergeschossen außer Betracht.

(4) Sonderbauten sind Anlagen und Räume besonderer Art oder Nutzung, die einen der Tatbestände des § 51 Abs. 2 erfüllen.

(5) Aufenthaltsräume sind Räume, die zum nicht nur vorübergehenden Aufenthalt von Menschen bestimmt oder geeignet sind.

(6) Geschosse sind oberirdische Geschosse, wenn ihre Deckenoberkanten im Mittel mehr als 1,40 m über die festgelegte Geländeoberfläche hinausragen; im Übrigen sind sie Kellergeschosse. Oberirdische Geschosse sind Staffelgeschosse, wenn sie gegenüber mindestens einer Außenwand des jeweils darunter liegenden Geschosses um mindestens zwei Drittel ihrer Wandhöhe zurücktreten. Hohlräume zwischen der obersten Decke und der Bedachung, in denen Aufenthaltsräume nicht möglich sind, sind keine Geschosse.

(7) Vollgeschosse sind oberirdische Geschosse, wenn sie über mindestens drei Viertel ihrer Grundfläche eine Höhe von mindestens 2,30 m haben, Staffelgeschosse sind Vollgeschosse, wenn sie über mindestens drei Viertel der Grundfläche des darunter liegenden Geschosses eine Höhe von mindestens 2,30 m haben; die Höhe der Geschosse wird von der Oberkante des Fußbodens bis zur Oberkante des Fußbodens der darüber liegenden Decke, bei Geschossen mit Dachflächen bis zur Oberkante der Dachhaut gemessen.

(8) Stellplätze sind Flächen, die dem Abstellen von Kraftfahrzeugen außerhalb der öffentlichen Verkehrsflächen dienen. Garagen sind Gebäude oder Gebäudeteile zum Abstellen von Kraftfahrzeugen. Ausstellungs-, Verkaufs-, Werk- und Lagerräume für Kraftfahrzeuge sind keine Stellplätze oder Garagen.

(9) Feuerstätten sind in oder an Gebäuden ortsfest genutzte Anlagen oder Einrichtungen, die dazu bestimmt sind, durch Verbrennung Wärme zu erzeugen.

(10) Bauprodukte sind

1.

   Baustoffe, Bauteile und Anlagen, die hergestellt werden, um dauerhaft in bauliche Anlagen eingebaut zu werden,

2.

   aus Baustoffen und Bauteilen vorgefertigte Anlagen, die hergestellt werden, um mit dem Erdboden verbunden zu werden, wie Fertighäuser, Fertiggaragen und Silos.

(11) Bauart ist das Zusammenfügen von Bauprodukten zu baulichen Anlagen oder Teilen von baulichen Anlagen.

(12) Zelt- und Campingplätze sind Grundstücke, auf denen mehr als fünf Zelte oder Wohnwagen zum Zwecke der Benutzung aufgestellt sind oder aufgestellt werden sollen.

§ 3
Allgemeine Anforderungen

(1) Bei der Planung, Errichtung, Änderung und Nutzungsänderung baulicher Anlagen und der Gestaltung von Grundstücken ist auf den Schutz der natürlichen Grundlagen des Lebens sowie auf die besonderen Belange von Familien mit Kindern, von alten Menschen sowie Menschen mit Behinderungen durch den Grundsatz barrierefreien Bauens Rücksicht zu nehmen.

(2) Anlagen sind so anzuordnen, zu errichten, zu ändern und instand zu halten, dass die öffentliche Sicherheit, insbesondere Leben und Gesundheit, nicht gefährdet werden und keine unzumutbaren Belästigungen entstehen.

(3) Die von der obersten Bauaufsichtsbehörde durch öffentliche Bekanntmachung als Technische Baubestimmungen eingeführten technischen Regeln sind zu beachten. Bei der Bekanntmachung kann hinsichtlich ihres Inhalts auf die Fundstelle verwiesen werden. Von den Technischen Baubestimmungen kann abgewichen werden, wenn mit einer anderen Lösung in gleichem Maße nachweislich die allgemeinen Anforderungen des Absatzes 2 erfüllt werden; § 18 Abs. 3 und § 22 bleiben unberührt.

(4) Für die Beseitigung von Anlagen und für die Änderung ihrer Nutzung gelten die Absätze 2 und 3 entsprechend.

(5) Bauprodukte und Bauarten dürfen nur verwendet werden, wenn bei ihrer Verwendung die baulichen Anlagen bei ordnungsgemäßer Instandhaltung während einer dem Zweck entsprechenden angemessenen Zeitdauer die Anforderungen dieses Gesetzes oder aufgrund dieses Gesetzes erfüllen und gebrauchstauglich sind.

(6) Bauprodukte und Bauarten, die in Vorschriften anderer Vertragsstaaten des Abkommens vom 2. Mai 1992 - EWR-Abkommen - Gesetz vom 31. März 1993 (BGBl. II S. 266), geändert durch Gesetz vom 25. August 1993 (BGBl. II S. 1294), über den europäischen Wirtschaftsraum genannten technischen Anforderungen entsprechen, dürfen verwendet oder angewendet werden, wenn das geforderte nationale Schutzniveau in Bezug auf Sicherheit, Gesundheit, Umweltschutz und Gebrauchstauglichkeit gleichermaßen dauerhaft erreicht wird.

Zweiter Teil

Das Grundstück und seine Bebauung

§ 4

Bebauung der Grundstücke mit Gebäuden

(1) Das Baugrundstück muss nach seiner Beschaffenheit für die bauliche Anlage so geeignet sein, dass durch Wasser, Feuchtigkeit sowie andere chemische, physikalische oder biologische Einflüsse Gefahren oder unzumutbare Belästigungen nicht entstehen.

(2) Gebäude dürfen nur errichtet werden, wenn das Grundstück in angemessener Breite an einer befahrbaren öffentlichen Verkehrsfläche liegt oder wenn das Grundstück eine befahrbare, öffentlich-rechtlich gesicherte Zufahrt zu einer befahrbaren öffentlichen Verkehrsfläche hat. Wohnwege ohne Befahrbarkeit sind zulässig, wenn Bedenken wegen des Brandschutzes nicht bestehen.

(3) Ein Gebäude auf mehreren Grundstücken ist nur zulässig, wenn durch Baulast gesichert ist, dass dadurch keine Verhältnisse eintreten können, die Vorschriften dieses Gesetzes oder aufgrund dieses Gesetzes widersprechen.

§ 5

Zugänge und Zufahrten auf den Grundstücken

(1) Von öffentlichen Verkehrsflächen ist insbesondere für die Feuerwehr ein geradliniger Zu- oder Durchgang zu rückwärtigen Gebäuden zu schaffen; zu anderen Gebäuden ist er zu schaffen, wenn der zweite Rettungsweg dieser Gebäude über Rettungsgeräte der Feuerwehr führt. Zu Gebäuden, bei denen die Oberkante der Brüstung von zum Anleitern bestimmten Fenstern oder Stellen mehr als 8 m über Gelände liegt, ist in den Fällen des Satzes 1 anstelle eines Zu- oder Durchgangs eine Zu- oder Durchfahrt zu schaffen. Ist für die Personenrettung der Einsatz von Hubrettungsfahrzeugen erforderlich, sind die dafür erforderlichen Aufstell- und Bewegungsflächen vorzusehen. Bei Gebäuden, die ganz oder mit Teilen mehr als 50 m von einer öffentlichen Verkehrsfläche entfernt sind, sind Zufahrten oder Durchfahrten nach Satz 2 zu den vor und hinter den Gebäuden gelegenen Grundstücksteilen und Bewegungsflächen herzustellen, wenn sie aus Gründen des Feuerwehreinsatzes erforderlich sind.

(2) Zu- und Durchfahrten, Aufstellflächen und Bewegungsflächen müssen für Feuerwehrfahrzeuge ausreichend befestigt und tragfähig sein; sie sind als solche zu kennzeichnen und ständig frei zu halten; die Kennzeichnung von

Zufahrten muss von der öffentlichen Verkehrsfläche aus sichtbar sein.

§ 6
Abstandflächen, Abstände

(1) Vor den Außenwänden von Gebäuden sind Abstandflächen von oberirdischen Gebäuden freizuhalten. Satz 1 gilt entsprechend für andere Anlagen, von denen Wirkungen wie von Gebäuden ausgehen, gegenüber Gebäuden und Grundstücksgrenzen. Wirkungen wie von Gebäuden gehen von ihnen insbesondere aus, wenn sie länger als 5 m und höher als 2 m sind, bei Terrassen, wenn diese höher als 1 m sind. Eine Abstandfläche ist nicht erforderlich vor Außenwänden, die an Grundstücksgrenzen errichtet werden, wenn nach planungsrechtlichen Vorschriften an die Grenze gebaut werden muss oder gebaut werden darf.

(2) Abstandflächen sowie Abstände nach § 31 Abs. 2 Nr. 1 und § 33 Abs. 2 müssen auf dem Grundstück selbst liegen. Sie dürfen auch auf öffentlichen Verkehrs-, Grün- und Wasserflächen liegen, jedoch nur bis zu deren Mitte. Abstandflächen sowie Abstände im Sinne des Satzes 1 dürfen sich ganz oder teilweise auf andere Grundstücke erstrecken, wenn öffentlich-rechtlich gesichert ist, dass sie nicht überbaut werden; diese Abstandflächen dürfen auf die auf diesen Grundstücken erforderlichen anderen Abstandflächen nicht angerechnet werden.

(3) Die Abstandflächen dürfen sich nicht überdecken; dies gilt nicht für

1.

Außenwände, die in einem Winkel von mehr als 75° zueinander stehen,

2.

Außenwände zu einem fremder Sicht entzogenen Gartenhof bei Wohngebäuden der Gebäudeklassen 1 und 2,

3.

Gebäude und andere bauliche Anlagen, die in den Abstandflächen zulässig sind.

(4) Die Tiefe der Abstandfläche bemisst sich nach der Wandhöhe; sie wird senkrecht zur Wand gemessen. Wandhöhe ist das Maß von der festgelegten Geländeoberfläche bis zum Schnittpunkt der Wand mit der Dachhaut oder bis zum oberen Abschluss der Wand. Zur Wandhöhe werden jeweils hinzugerechnet

1.

zu einem Viertel die Höhe von

a)

Dächern und Dachteilen, die von Dachflächen mit einer Neigung von mehr als 45° begrenzt werden,

b)

Dächern mit Dachgauben oder Dachaufbauten, deren Gesamtbreite je Dachfläche mehr als die Hälfte der Gebäudewand beträgt,

2.

voll die Höhe von Dächern und Dachteilen, die von Dachflächen mit einer Neigung von mehr als 70° begrenzt werden.

Das sich ergebende Maß ist H.

(5) Die Tiefe der Abstandflächen beträgt 0,4 H, mindestens 3 m. In Gewerbe- und Industriegebieten genügt eine Tiefe von 0,2 H, mindestens 3 m. Vor den Außenwänden von Wohngebäuden der Gebäudeklassen 1 und 2 mit nicht mehr als drei oberirdischen Geschossen genügt als Tiefe der Abstandfläche 3 m.

(6) Bei der Bemessung der Abstandflächen bleiben außer Betracht

1.

vor die Außenwand vortretende Bauteile wie Gesimse und Dachüberstände, wenn sie

a)

nicht mehr als 1,50 m vor diese Außenwand vortreten

und

b)

mindestens 2 m von der gegenüber liegenden Nachbargrenze entfernt bleiben,

2.

Vorbauten, wenn sie

a)

insgesamt nicht mehr als ein Drittel der jeweiligen Wandlänge in Anspruch nehmen,

b)

nicht mehr als 1,50 m vor die Außenwand vortreten und

c)

mindestens 2 m von der gegenüber liegenden Nachbargrenze entfernt bleiben,

3.

nachträgliche Wärmeschutzmaßnahmen an bestehenden Gebäuden mit bis zu 0,20 m Dicke, wenn ein Abstand von mindestens 2,30 m zur Nachbargrenze erhalten bleibt.

(7) In den Abstandflächen eines Gebäudes sowie ohne eigene Abstandflächen sind, auch wenn sie nicht an die Grundstücksgrenze oder an das Gebäude angebaut werden, zulässig

1.

Garagen,

2.

Gebäude ohne Aufenthaltsräume und Feuerstätten, die der Telekommunikation, der öffentlichen Versorgung mit Wasser, Gas, Elektrizität, Wärme oder der öffentlichen Abwasserversorgung dienen,

3.

sonstige Gebäude ohne Aufenthaltsräume,

4.

gebäudeunabhängige Solaranlagen mit einer mittleren Höhe bis zu 2,75 m und einer Gesamtlänge je Grundstücksgrenze von 9 m,

5.

Stützwände und geschlossene Einfriedungen in Gewerbe- und Industriegebieten, außerhalb dieser Baugebiete mit einer Höhe bis zu 1,50 m.

Soweit die in Satz 1 genannten Gebäude den Abstand zur Grundstücksgrenze von 3 m unterschreiten, darf einschließlich darauf errichteter Anlagen zur Gewinnung von Solarenergie

1.

deren Gesamtlänge an keiner der jeweiligen Grundstücksgrenzen des Baugrundstücks größer als 9 m sein und

2.

    deren mittlere Wandhöhe 2,75 m über der an der Grundstücksgrenze festgelegten Geländeoberfläche nicht übersteigen.

In den in Satz 1 Nr. 3 genannten Gebäuden sind Leitungen und Zähler für Energie und Wasser, Feuerstätten für flüssige oder gasförmige Brennstoffe mit einer Nennwärmeleistung bis zu 28 kW und Wärmepumpen entsprechender Leistung zulässig.

(8) In den Abstandflächen sowie ohne eigene Abstandflächen sind Kleinkinderspielplätze, Abstellanlagen für Fahrräder ohne Überdachung, Schwimmbecken, Maste, Terrassen, Pergolen und Überdachungen von Freisitzen sowie untergeordnete bauliche Anlagen wie offene Einfriedungen zulässig.

§ 7
Teilung von Grundstücken

(1) Durch die Teilung eines Grundstückes dürfen keine Verhältnisse geschaffen werden, die Vorschriften dieses Gesetzes oder aufgrund dieses Gesetzes widersprechen.

(2) Soll bei einer Teilung nach Absatz 1 von Vorschriften dieses Gesetzes oder aufgrund dieses Gesetzes abgewichen werden, ist § 71 entsprechend anzuwenden.

§ 8
Nicht überbaute Flächen der bebauten Grundstücke, Kleinkinderspielplätze

(1) Die nicht überbauten Flächen der bebauten Grundstücke sind

1.

    wasseraufnahmefähig zu belassen oder herzustellen und

2.

    zu begrünen oder zu bepflanzen,

soweit dem nicht die Erfordernisse einer anderen zulässigen Verwendung der Flächen entgegenstehen. Satz 1 findet keine Anwendung, soweit Satzungen Festsetzungen zu den nicht überbauten Flächen treffen.

(2) Bei der Errichtung von Gebäuden mit mehr als zehn Wohnungen ist auf dem Baugrundstück oder in unmittelbarer Nähe auf einem anderen geeigneten Grundstück ein ausreichend großer Spielplatz für noch nicht schulpflichtige Kinder (Kleinkinder) anzulegen, dessen dauerhafte Nutzung für diesen Zweck öffentlich-rechtlich gesichert sein muss. Dies gilt nicht, wenn in unmittelbarer Nähe eine Gemeinschaftsanlage oder ein sonstiger für die Kinder nutzbarer Spielplatz geschaffen wird oder vorhanden oder ein solcher Spielplatz wegen

der Art und der Lage der Wohnung nicht erforderlich ist. Bei bestehenden Gebäuden nach Satz 1 kann die Anlage von Spielplätzen für Kleinkinder verlangt werden, sofern auf dem Baugrundstück die benötigten Flächen in geeigneter Lage und Größe vorhanden sind. Die Gemeinde kann durch Satzung für genau abgegrenzte Teile des Gemeindegebietes bestimmen, dass für bestehende Gebäude nach Satz 1 Spielplätze für Kleinkinder anzulegen sind.

§ 9
Sicherheit und Überschaubarkeit der Wegführung

Die Fuß- und Radwege auf den Grundstücken zwischen öffentlicher Verkehrsfläche, Gemeinschaftsanlagen und Eingängen von Gebäuden mit mehr als zwei Wohnungen müssen überschaubar und barrierefrei gestaltet und beleuchtet sein.

Dritter Teil
Bauliche Anlagen

Abschnitt I
Gestaltung

§ 10
Gestaltung

Bauliche Anlagen müssen nach Form, Maßstab, Verhältnis der Baumassen und Bauteile zueinander, Werkstoff und Farbe so gestaltet sein, dass sie nicht verunstaltet wirken. Bauliche Anlagen dürfen das Straßen-, Orts- und Landschaftsbild nicht verunstalten.

§ 11
Anlagen der Außenwerbung, Warenautomaten

(1) Anlagen der Außenwerbung (Werbeanlagen) sind alle ortsfesten Einrichtungen, die der Ankündigung oder Anpreisung oder als Hinweis auf Gewerbe oder Beruf dienen und vom öffentlichen Verkehrsraum aus sichtbar sind. Hierzu zählen insbesondere Schilder, Beschriftungen, Bemalungen, Lichtwerbungen, Schaukästen sowie für Zettelanschläge und Bogenanschläge oder Lichtwerbung bestimmte Säulen, Tafeln und Flächen.

(2) Für Werbeanlagen, die bauliche Anlagen sind, gelten die in diesem Gesetz an bauliche Anlagen gestellten Anforderungen. Werbeanlagen, die keine baulichen Anlagen sind, dürfen weder bauliche Anlagen noch das Straßenbild, Orts- oder Landschaftsbild verunstalten oder die Sicherheit des Verkehrs gefährden. Die störende Häufung von Werbeanlagen ist unzulässig.

(3) Außerhalb der im Zusammenhang bebauten Ortsteile sind Werbeanlagen unzulässig. Ausgenommen sind, soweit in anderen Vorschriften nichts anderes bestimmt ist,

1.

    Werbeanlagen an der Stätte der Leistung,

2.

Schilder, die die Inhaberin oder den Inhaber und die Art gewerblicher Betriebe kennzeichnen (Hinweisschilder), wenn sie vor Ortsdurchfahrten auf einer Tafel zusammengefasst sind,

3.

einzelne Hinweiszeichen an Verkehrsstraßen und Wegabzweigungen, die im Interesse des Verkehrs auf außerhalb der Ortsdurchfahrten liegende Betriebe oder versteckt liegende Stätten aufmerksam machen,

4.

Werbeanlagen an und auf Flugplätzen, Sportanlagen und Versammlungsstätten, soweit sie nicht in die freie Landschaft wirken,

5.

Werbeanlagen auf Ausstellungs- und Messegeländen.

(4) In Kleinsiedlungsgebieten, reinen Wohngebieten, allgemeinen Wohngebieten und Dorfgebieten sind Werbeanlagen nur zulässig an der Stätte der Leistung sowie Anlagen für amtliche Mitteilungen und zur Unterrichtung der Bevölkerung über kirchliche, kulturelle, politische, sportliche und ähnliche Veranstaltungen; freie Flächen dieser Anlagen dürfen auch für andere Werbung verwendet werden. In reinen Wohngebieten darf an der Stätte der Leistung nur mit Hinweisschildern geworben werden. Auf öffentlichen Verkehrsflächen können ausnahmsweise auch andere Werbeanlagen in Verbindung mit baulichen Anlagen, die dem öffentlichen Personennahverkehr dienen, zugelassen werden, soweit diese die Eigenart des Gebietes und das Ortsbild nicht beeinträchtigen.

(5) Die Absätze 1 bis 4 gelten für Warenautomaten entsprechend.

(6) Die Vorschriften dieses Gesetzes sind nicht anzuwenden auf

1.

Anschläge und Lichtwerbung an dafür genehmigten Säulen, Tafeln und Flächen,

2.

Werbemittel an Zeitungs- und Zeitschriftenverkaufsstellen,

3.

Auslagen und Dekorationen in Fenstern und Schaukästen,

4.

17

Wahlwerbung für die Dauer eines Wahlkampfes,

5.

Werbemittel für einmalige Veranstaltungen, die längstens für die Dauer von 14 Tagen aufgestellt oder angebracht werden.

Abschnitt II
Allgemeine Anforderungen an die Bauausführung

§ 12
Baustelle

(1) Baustellen sind so einzurichten, dass bauliche Anlagen ordnungsgemäß errichtet, geändert oder beseitigt werden können und Gefahren oder vermeidbare Belästigungen nicht entstehen.

(2) Bei Bauarbeiten, durch die unbeteiligte Personen gefährdet werden können, ist die Gefahrenzone abzugrenzen oder durch Warnzeichen zu kennzeichnen. Baustellen müssen, soweit erforderlich, mit einem Bauzaun abgegrenzt, mit Schutzvorrichtungen gegen herabfallende Gegenstände versehen und beleuchtet sein.

(3) Bei der Ausführung nicht verfahrensfreier Bauvorhaben haben die Unternehmerinnen oder Unternehmer an der Baustelle ein Schild, das die Bezeichnung des Bauvorhabens sowie die Namen und Anschriften der Entwurfsverfasserin oder des Entwurfsverfassers, der Bauleiterin oder des Bauleiters und der Unternehmerinnen oder Unternehmer für den Rohbau enthalten muss, dauerhaft und von der öffentlichen Verkehrsfläche aus sichtbar anzubringen.

(4) Bäume, Hecken und sonstige Bepflanzungen, die aufgrund von Rechtsvorschriften zu erhalten sind, müssen während der Bauausführung geschützt werden.

(5) Bei der Baustelleneinrichtung und während der Bauausführung ist mit Grund und Boden sparsam und sorgsam umzugehen.

§ 13
Standsicherheit

(1) Jede bauliche Anlage muss im Ganzen und in ihren einzelnen Teilen für sich allein standsicher sein. Die Standsicherheit anderer baulicher Anlagen und die Tragfähigkeit des Baugrundes der Nachbargrundstücke dürfen nicht gefährdet werden.

(2) Die Verwendung gemeinsamer Bauteile für mehrere bauliche Anlagen ist zulässig, wenn öffentlich-rechtlich gesichert ist, dass die gemeinsamen Bauteile bei der Beseitigung einer der baulichen Anlagen bestehen bleiben.

§ 14
Schutz gegen schädliche Einflüsse

Bauliche Anlagen müssen so angeordnet und beschaffen sein, dass durch Einflüsse im Sinne des § 4 Abs. 1 Gefahren oder unzumutbare Belästigungen nicht entstehen.

§ 15
Brandschutz

Anlagen sind so zu planen, anzuordnen, zu errichten, zu ändern und instand zu halten, dass der Entstehung eines Brandes und der Ausbreitung von Feuer und Rauch (Brandausbreitung) vorgebeugt wird und bei einem Brand die Rettung von Menschen und Tieren sowie wirksame Löscharbeiten möglich sind; hierbei sind auch die Belange der Menschen mit Behinderungen zu berücksichtigen.

§ 16
Wärme-, Schall-, Erschütterungsschutz

(1) Gebäude müssen einen ihrer Nutzung und den klimatischen Verhältnissen entsprechenden Wärmeschutz haben.

(2) Gebäude müssen einen ihrer Nutzung entsprechenden Schallschutz haben. Geräusche, Erschütterungen oder Schwingungen, die von ortsfesten Einrichtungen in baulichen Anlagen oder auf Baugrundstücken ausgehen, sind so zu dämmen, dass Gefahren oder unzumutbare Belästigungen nicht entstehen.

§ 17
Verkehrssicherheit

(1) Bauliche Anlagen und die dem Verkehr dienenden nicht überbauten Flächen von bebauten Grundstücken müssen verkehrssicher sein.

(2) Die Sicherheit des öffentlichen Verkehrs darf durch bauliche Anlagen oder deren Nutzung nicht gefährdet werden.

Abschnitt III
Bauprodukte, Bauarten

§ 18
Bauprodukte

(1) Bauprodukte dürfen für die Errichtung, Änderung und Instandhaltung baulicher Anlagen nur verwendet werden, wenn sie für den Verwendungszweck

1.

   von den nach Absatz 2 bekannt gemachten technischen Regeln nicht oder nicht wesentlich abweichen (geregelte Bauprodukte) oder nach Absatz 3 zulässig sind und wenn sie aufgrund des Übereinstimmungsnachweises nach § 23 das Übereinstimmungszeichen (Ü-Zeichen) tragen oder

2.

   nach den Vorschriften

a)

des Bauproduktengesetzes in der Fassung der Bekanntmachung vom 28. April 1998 (BGBl. I S. 812), zuletzt geändert durch Artikel 76 der Verordnung vom 31. Oktober 2006 (BGBl. I S. 2407),

b)

zur Umsetzung der Richtlinie 89/106/EWG des Rates zur Angleichung der Rechts- und Verwaltungsvorschriften der Mitgliedstaaten über Bauprodukte (Bauproduktenrichtlinie) vom 21. Dezember 1988 (ABl. EG Nr. L 40 S. 12), geändert durch Artikel 4 der Richtlinie 93/68/EWG des Rates vom 22. Juli 1993 (ABl. EG Nr. L 220 S. 1), durch andere Mitgliedstaaten der Europäischen Gemeinschaften und andere Vertragsstaaten des Abkommens über den Europäischen Wirtschaftsraum oder

c)

zur Umsetzung sonstiger Richtlinien der Europäischen Gemeinschaften, soweit diese die wesentlichen Anforderungen nach § 5 Abs. 1 des Bauproduktengesetzes berücksichtigen,

in den Verkehr gebracht und gehandelt werden dürfen, insbesondere das Zeichen der Europäischen Gemeinschaften (CE-Zeichen) tragen und dieses Zeichen die nach Absatz 7 Nr. 1 festgelegten Klassen und Leistungsstufen ausweist oder die Leistung des Bauprodukts angibt.

Sonstige Bauprodukte, die von allgemein anerkannten Regeln der Technik nicht abweichen, dürfen auch verwendet werden, wenn diese Regeln nicht in der Bauregelliste A bekannt gemacht sind. Sonstige Bauprodukte, die von allgemein anerkannten Regeln der Technik abweichen, bedürfen keines Nachweises ihrer Verwendbarkeit nach Absatz 3; § 3 Abs. 3 Satz 3 erster Halbsatz bleibt unberührt.

(2) Das Deutsche Institut für Bautechnik macht im Einvernehmen mit der obersten Bauaufsichtsbehörde für Bauprodukte, für die nicht nur die Vorschriften nach Absatz 1 Satz 1 Nr. 2 maßgebend sind, in der Bauregelliste A die technischen Regeln bekannt, die zur Erfüllung der in diesem Gesetz und in Vorschriften aufgrund dieses Gesetzes an bauliche Anlagen gestellten Anforderungen erforderlich sind. Diese technischen Regeln gelten als Technische Baubestimmungen im Sinne des § 3 Abs. 3 Satz 1.

(3) Bauprodukte, für die technische Regeln in der Bauregelliste A nach Absatz 2 bekannt gemacht worden sind und die von diesen wesentlich abweichen oder für die es Technische Baubestimmungen oder allgemein anerkannte Regeln der

Technik nicht gibt (nicht geregelte Bauprodukte), müssen

1.

   eine allgemeine bauaufsichtliche Zulassung (§ 19),

2.

   ein allgemeines bauaufsichtliches Prüfzeugnis (§ 20) oder

3.

   eine Zustimmung im Einzelfall (§ 21)

haben. Ausgenommen sind Bauprodukte, die für die Erfüllung der Anforderungen dieses Gesetzes oder aufgrund dieses Gesetzes nur eine untergeordnete Bedeutung haben und die das Deutsche Institut für Bautechnik im Einvernehmen mit der obersten Bauaufsichtsbehörde in einer Liste C öffentlich bekannt gemacht hat.

(4) Die oberste Bauaufsichtsbehörde kann durch Verordnungen vorschreiben, dass für bestimmte Bauprodukte, auch soweit sie Anforderungen nach anderen Rechtsvorschriften unterliegen, hinsichtlich dieser Anforderungen bestimmte Nachweise der Verwendbarkeit und bestimmte Übereinstimmungsnachweise nach Maßgabe dieser Bestimmung, der §§ 19 bis 21 und der §§ 23 bis 26 zu führen sind, wenn die anderen Rechtsvorschriften diese Nachweise verlangen oder zulassen.

(5) Für Bauprodukte nach Absatz 1 Satz 1 Nr. 1, deren Herstellung in außergewöhnlichem Maß von der Sachkunde und Erfahrung der damit betrauten Personen oder von einer Ausstattung mit besonderen Vorrichtungen abhängt, kann in der allgemeinen bauaufsichtlichen Zulassung, in der Zustimmung im Einzelfall oder durch Verordnung der obersten Bauaufsichtsbehörde vorgeschrieben werden, dass die Herstellerin oder der Hersteller über solche Fachkräfte und Vorrichtungen verfügt und den Nachweis hierüber gegenüber einer Prüfstelle nach § 26 zu erbringen hat. In der Verordnung können Mindestanforderungen an die Ausbildung, die durch Prüfung nachzuweisende Befähigung und die Ausbildungsstätten einschließlich der Anerkennungsvoraussetzungen gestellt werden.

(6) Für Bauprodukte, die wegen ihrer besonderen Eigenschaften oder ihres besonderen Verwendungszweckes einer außergewöhnlichen Sorgfalt bei Einbau, Transport, Instandhaltung oder Reinigung bedürfen, kann in der allgemeinen bauaufsichtlichen Zulassung, in der Zustimmung im Einzelfall oder durch Verordnung der obersten Bauaufsichtsbehörde die Überwachung dieser Tätigkeiten durch eine Überwachungsstelle nach § 26 vorgeschrieben werden.

(7) Das Deutsche Institut für Bautechnik kann im Einvernehmen mit der obersten Bauaufsichtsbehörde in der Bauregelliste B

1.

festlegen, welche der Klassen und Leistungsstufen, die in Normen, Leitlinien oder europäischen technischen Zulassungen nach dem Bauproduktengesetz oder in anderen Vorschriften zur Umsetzung von Richtlinien der Europäischen Gemeinschaften enthalten sind, Bauprodukte nach Absatz 1 Satz 1 Nr. 2 erfüllen müssen, und

2.

bekannt machen, inwieweit andere Vorschriften zur Umsetzung von Richtlinien der Europäischen Gemeinschaften die wesentlichen Anforderungen nach § 5 Abs. 1 des Bauproduktengesetzes nicht berücksichtigen.

§ 19
Allgemeine bauaufsichtliche Zulassung

(1) Das Deutsche Institut für Bautechnik erteilt eine allgemeine bauaufsichtliche Zulassung für nicht geregelte Bauprodukte, wenn deren Verwendbarkeit im Sinne des § 3 Abs. 5 nachgewiesen ist.

(2) Die zur Begründung des Antrags erforderlichen Unterlagen sind beizufügen. Soweit erforderlich, sind Probestücke von der Antragstellerin oder dem Antragsteller zur Verfügung zu stellen oder durch Sachverständige, die das Deutsche Institut für Bautechnik bestimmen kann, zu entnehmen oder Probeausführungen unter Aufsicht der Sachverständigen herzustellen. § 67 Abs. 2 gilt entsprechend.

(3) Das Deutsche Institut für Bautechnik kann für die Durchführung der Prüfung die sachverständige Stelle und für Probeausführungen die Ausführungsstelle und Ausführungszeit vorschreiben.

(4) Die allgemeine bauaufsichtliche Zulassung wird widerruflich und für eine bestimmte Frist erteilt, die in der Regel fünf Jahre beträgt. Die Zulassung kann mit Nebenbestimmungen erteilt werden. Sie kann auf schriftlichen Antrag in der Regel um fünf Jahre verlängert werden; § 75 Abs. 2 Satz 2 gilt entsprechend.

(5) Die Zulassung wird unbeschadet der Rechte Dritter erteilt.

(6) Das Deutsche Institut für Bautechnik macht die von ihm erteilten allgemeinen bauaufsichtlichen Zulassungen nach Gegenstand und wesentlichem Inhalt öffentlich bekannt.

(7) Allgemeine bauaufsichtliche Zulassungen nach dem Recht anderer Bundesländer gelten auch im Geltungsbereich dieses Gesetzes.

§ 20
Allgemeines bauaufsichtliches Prüfzeugnis

(1) Bauprodukte,

1.

deren Verwendung nicht der Erfüllung erheblicher Anforderungen an die Sicherheit baulicher Anlagen dient, oder

2.

die nach allgemein anerkannten Prüfverfahren beurteilt werden,

bedürfen anstelle einer allgemeinen bauaufsichtlichen Zulassung nur eines allgemeinen bauaufsichtlichen Prüfzeugnisses. Das Deutsche Institut für Bautechnik macht dies mit der Angabe der maßgebenden technischen Regeln und, soweit es keine allgemein anerkannten Regeln der Technik gibt, mit der Bezeichnung der Bauprodukte im Einvernehmen mit der obersten Bauaufsichtsbehörde in der Bauregelliste A bekannt.

(2) Ein allgemeines bauaufsichtliches Prüfzeugnis wird von einer Prüfstelle nach § 26 Abs. 1 Satz 1 Nr. 1 für nicht geregelte Bauprodukte nach Absatz 1 erteilt, wenn deren Verwendbarkeit im Sinne des § 3 Abs. 5 nachgewiesen ist. § 19 Abs. 2 bis 7 gilt entsprechend.

§ 21
Nachweis der Verwendbarkeit von Bauprodukten im Einzelfall

Mit Zustimmung der obersten Bauaufsichtsbehörde dürfen im Einzelfall

1.

Bauprodukte, die ausschließlich nach dem Bauproduktengesetz in Verkehr gebracht und gehandelt werden dürfen, dessen Anforderungen jedoch nicht erfüllen,

2.

Bauprodukte, die nach sonstigen Vorschriften zur Umsetzung von Richtlinien der Europäischen Union oder auf der Grundlage von unmittelbar geltendem Recht der Europäischen Union in Verkehr gebracht und gehandelt werden dürfen, hinsichtlich der nicht berücksichtigten wesentlichen Anforderungen im Sinne des § 18 Abs. 7 Nr. 2,

3.

nicht geregelte Bauprodukte

verwendet werden, wenn deren Verwendbarkeit im Sinne des § 3 Abs. 5 nachgewiesen ist. Wenn Gefahren im Sinne des § 3 Abs. 2 nicht zu erwarten sind, kann die oberste Bauaufsichtsbehörde im Einzelfall erklären, dass ihre Zustimmung nicht erforderlich ist.

§ 22
Bauarten

(1) Bauarten, die von Technischen Baubestimmungen wesentlich abweichen

23

oder für die es allgemein anerkannte Regeln der Technik nicht gibt (nicht geregelte Bauarten), dürfen bei der Errichtung, Änderung und Instandhaltung baulicher Anlagen nur angewendet werden, wenn für sie

1.

eine allgemeine bauaufsichtliche Zulassung oder

2.

eine Zustimmung im Einzelfall

erteilt worden ist. Anstelle einer allgemeinen bauaufsichtlichen Zulassung genügt ein allgemeines bauaufsichtliches Prüfzeugnis, wenn die Bauart nicht der Erfüllung erheblicher Anforderungen an die Sicherheit baulicher Anlagen dient oder nach allgemein anerkannten Prüfverfahren beurteilt wird. Das Deutsche Institut für Bautechnik macht diese Bauarten mit der Angabe der maßgebenden technischen Regeln und, soweit es keine allgemein anerkannten Regeln der Technik gibt, mit der Bezeichnung der Bauarten im Einvernehmen mit der obersten Bauaufsichtsbehörde in der Bauregelliste A

bekannt. § 18 Abs. 5 und 6 sowie §§ 19, 20 Abs. 2 und § 21 gelten entsprechend. Sind Gefahren im Sinne des § 3 Abs. 2 nicht zu erwarten, kann die oberste Bauaufsichtsbehörde im Einzelfall oder für genau begrenzte Fälle allgemein festlegen, dass eine allgemeine bauaufsichtliche Zulassung, ein allgemeines bauaufsichtliches Prüfzeugnis oder eine Zustimmung im Einzelfall nicht erforderlich ist.

(2) Die oberste Bauaufsichtsbehörde kann durch Verordnung vorschreiben, dass für bestimmte Bauarten, auch soweit sie Anforderungen nach anderen Rechtsvorschriften unterliegen, Absatz 1 ganz oder teilweise anwendbar ist, wenn die anderen Rechtsvorschriften dies verlangen oder zulassen.

§ 23
Übereinstimmungsnachweis

(1) Bauprodukte bedürfen einer Bestätigung ihrer Übereinstimmung mit den technischen Regeln nach § 18 Abs. 2, den allgemeinen bauaufsichtlichen Zulassungen, den allgemeinen bauaufsichtlichen Prüfzeugnissen oder den Zustimmungen im Einzelfall; als Übereinstimmung gilt auch eine Abweichung, die nicht wesentlich ist.

(2) Die Bestätigung der Übereinstimmung erfolgt durch

1.

Übereinstimmungserklärung der Herstellerin oder des Herstellers (§ 24 Abs. 1) oder

2.

Übereinstimmungszertifikat (§ 25 Abs. 1).

24

Die Bestätigung durch Übereinstimmungszertifikat kann in der allgemeinen bauaufsichtlichen Zulassung, in der Zustimmung im Einzelfall oder in der Bauregelliste A vorgeschrieben werden, wenn dies zum Nachweis einer ordnungsgemäßen Herstellung erforderlich ist. Bauprodukte, die nicht in Serie hergestellt werden, bedürfen nur der Übereinstimmungserklärung der Herstellerin oder des Herstellers nach § 24 Abs. 1, sofern nichts anderes bestimmt ist. Die oberste Bauaufsichtsbehörde kann im Einzelfall die Verwendung von Bauprodukten ohne das erforderliche Übereinstimmungszertifikat gestatten, wenn nachgewiesen ist, dass diese Bauprodukte den technischen Regeln, Zulassungen, Prüfzeugnissen oder Zustimmungen nach Absatz 1 entsprechen.

(3) Für Bauarten gelten die Absätze 1 und 2 entsprechend.

(4) Die Übereinstimmungserklärung und die Erklärung, dass ein Übereinstimmungszertifikat erteilt ist, hat die Herstellerin oder der Hersteller durch Kennzeichnung der Bauprodukte mit dem Übereinstimmungszeichen (Ü-Zeichen) unter Hinweis auf den Verwendungszweck abzugeben.

(5) Das Ü-Zeichen ist auf dem Bauprodukt, auf einem Beipackzettel oder auf seiner Verpackung oder, wenn dies Schwierigkeiten bereitet, auf dem Lieferschein oder auf einer Anlage zum Lieferschein anzubringen.

(6) Ü-Zeichen aus anderen Bundesländern und aus anderen Staaten gelten auch im Geltungsbereich dieses Gesetzes.

§ 24
Übereinstimmungserklärung der Herstellerin oder des Herstellers

(1) Die Herstellerin oder der Hersteller darf eine Übereinstimmungserklärung nur abgeben, wenn sie oder er durch werkseigene Produktionskontrolle sichergestellt hat, dass das von ihr oder ihm hergestellte Bauprodukt den maßgebenden technischen Regeln, der allgemeinen bauaufsichtlichen Zulassung, dem allgemeinen bauaufsichtlichen Prüfzeugnis oder der Zustimmung im Einzelfall entspricht.

(2) In den technischen Regeln nach § 18 Abs. 2, in der Bauregelliste A, in den allgemeinen bauaufsichtlichen Zulassungen, in den allgemeinen bauaufsichtlichen Prüfzeugnissen oder in den Zustimmungen im Einzelfall kann eine Prüfung der Bauprodukte durch eine Prüfstelle vor Abgabe der Übereinstimmungserklärung vorgeschrieben werden, wenn dies zur Sicherung einer ordnungsgemäßen Herstellung erforderlich ist. In diesen Fällen hat die Prüfstelle das Bauprodukt daraufhin zu überprüfen, ob es den maßgebenden technischen Regeln, der allgemeinen bauaufsichtlichen Zulassung, dem allgemeinen bauaufsichtlichen Prüfzeugnis oder der Zustimmung im Einzelfall entspricht.

§ 26
Übereinstimmungszertifikat

(1) Ein Übereinstimmungszertifikat ist von einer Zertifizierungsstelle nach § 26 zu erteilen, wenn das Bauprodukt

25

1.

den maßgebenden technischen Regeln, der allgemeinen bauaufsichtlichen Zulassung, dem allgemeinen bauaufsichtlichen Prüfzeugnis oder der Zustimmung im Einzelfall entspricht und

2.

einer werkseigenen Produktionskontrolle sowie einer Fremdüberwachung nach Maßgabe des Absatzes 2 unterliegt.

(2) Die Fremdüberwachung ist von Überwachungsstellen nach § 26 durchzuführen. Die Fremdüberwachung hat regelmäßig zu überprüfen, ob das Bauprodukt den maßgebenden technischen Regeln, der allgemeinen bauaufsichtlichen Zulassung, dem allgemeinen bauaufsichtlichen Prüfzeugnis oder der Zustimmung im Einzelfall entspricht.

§ 26
Prüf-, Zertifizierungs- und Überwachungsstellen

(1) Die oberste Bauaufsichtsbehörde kann eine natürliche oder juristische Person als

1.

Prüfstelle für die Erteilung allgemeiner bauaufsichtlicher Prüfzeugnisse (§ 20 Abs. 2),

2.

Prüfstelle für die Überprüfung von Bauprodukten vor Bestätigung der Übereinstimmung (§ 24 Abs. 2),

3.

Zertifizierungsstelle (§ 25 Abs. 1),

4.

Überwachungsstelle für die Fremdüberwachung (§ 25 Abs. 2),

5.

Überwachungsstelle für die Überwachung nach § 18 Abs. 6 oder

6.

Prüfstelle für die Überprüfung nach § 18 Abs. 5

anerkennen, wenn sie oder die bei ihr Beschäftigten nach ihrer Ausbildung,

Fachkenntnis, persönlichen Zuverlässigkeit, ihrer Unparteilichkeit und ihren Leistungen die Gewähr dafür bieten, dass diese Aufgaben den öffentlich-rechtlichen Vorschriften entsprechend wahrgenommen werden, und wenn sie über die erforderlichen Vorrichtungen verfügen. Satz 1 ist entsprechend auf Behörden anzuwenden, wenn sie ausreichend mit geeigneten Fachkräften besetzt und mit den erforderlichen Vorrichtungen ausgestattet sind.

(2) Die Anerkennung von Prüf-, Zertifizierungs- und Überwachungsstellen anderer Bundesländer gilt auch im Geltungsbereich dieses Gesetzes. Prüf-, Zertifizierungs- und Überwachungsergebnisse von Stellen, die nach Artikel 16 Abs. 2 der Bauproduktenrichtlinie von einem anderen Mitgliedstaat der Europäischen Gemeinschaften oder von einem anderen Vertragsstaat des Abkommens über den Europäischen Wirtschaftsraum anerkannt worden sind, stehen den Ergebnissen der in Absatz 1 genannten Stellen gleich. Dies gilt auch für Prüf-, Zertifizierungs- und Überwachungsergebnisse von Stellen anderer Staaten, wenn sie in einem Artikel 16 Abs. 2 der Bauproduktenrichtlinie entsprechenden Verfahren anerkannt worden sind.

(3) Die oberste Bauaufsichtsbehörde erkennt auf Antrag eine natürliche oder juristische Person oder eine Behörde als Stelle nach Artikel 16 Abs. 2 der Bauproduktenrichtlinie an, wenn in dem in Artikel 16 Abs. 2 der Bauproduktenrichtlinie vorgesehenen Verfahren nachgewiesen ist, dass die natürliche oder juristische Person oder die Behörde die Voraussetzungen erfüllt, nach den Vorschriften eines anderen Mitgliedstaates der Europäischen Gemeinschaften oder eines anderen Vertragsstaates des Abkommens über den Europäischen Wirtschaftsraum zu prüfen, zu zertifizieren oder zu überwachen. Dies gilt auch für die Anerkennung von natürlichen oder juristischen Personen oder von Behörden, die nach den Vorschriften eines anderen Staates zu prüfen, zu zertifizieren oder zu überwachen beabsichtigen, wenn der erforderliche Nachweis in einem Artikel 16 Abs. 2 der Bauproduktenrichtlinie entsprechenden Verfahren geführt wird.

§ 27
Allgemeine Anforderungen an das
Brandverhalten von Baustoffen und Bauteilen

(1) Nach den Anforderungen an ihr Brandverhalten werden

1.

    nichtbrennbare,

2.

    schwerentflammbare,

3.

    normalentflammbare

Baustoffe unterschieden. Baustoffe, die nicht mindestens normalentflammbar sind, (leichtentflammbare Baustoffe) dürfen nicht verwendet werden; dies gilt nicht, wenn sie in Verbindung mit anderen Baustoffen normalentflammbar sind.

(2) Nach den Anforderungen an ihre Feuerwiderstandsfähigkeit werden

1.

    feuerbeständige,

2.

    hochfeuerhemmende,

3.

    feuerhemmende

Bauteile unterschieden. Die Feuerwiderstandsfähigkeit bezieht sich bei tragenden und aussteifenden Bauteilen auf deren Standsicherheit im Brandfall, bei raumabschließenden Bauteilen auf deren Widerstand gegen die Brandausbreitung. Bauteile werden zusätzlich nach dem Brandverhalten ihrer Baustoffe unterschieden in

1.

    Bauteile aus nichtbrennbaren Baustoffen,

2.

    Bauteile, deren tragende und aussteifende Teile aus nichtbrennbaren Baustoffen bestehen und die bei raumabschließenden Bauteilen zusätzlich eine in Bauteilebene durchgehende Schicht aus nichtbrennbaren Baustoffen haben,

3.

    Bauteile, deren tragende und aussteifende Teile aus brennbaren Baustoffen bestehen und die allseitig eine brandschutztechnisch wirksame Bekleidung aus nichtbrennbaren Baustoffen (Brandschutzbekleidung) und Dämmstoffe aus nichtbrennbaren Baustoffen haben,

4.

    Bauteile aus brennbaren Baustoffen.

Soweit in diesem Gesetz oder in Vorschriften aufgrund dieses Gesetzes nichts anderes bestimmt ist, müssen

1.

Bauteile, die feuerbeständig sein müssen, mindestens den Anforderungen des Satzes 3 Nr. 2,

2.

Bauteile, die hochfeuerhemmend sein müssen, mindestens den Anforderungen des Satzes 3 Nr. 3

entsprechen.

Abschnitt IV
Wände, Decken, Dächer

§ 28
Tragende Wände, Stützen

(1) Tragende und aussteifende Wände und Stützen müssen im Brandfall ausreichend lang standsicher sein. Sie müssen

1.

in Gebäuden der Gebäudeklasse 5 feuerbeständig,

2.

in Gebäuden der Gebäudeklasse 4 hochfeuerhemmend,

3.

in Gebäuden der Gebäudeklassen 2 und 3 feuerhemmend,

sein. Satz 2 gilt

1.

für Geschosse im Dachraum nur, wenn daruber noch Aufenthaltsräume möglich sind; § 30 Abs. 4 bleibt unberührt,

2.

nicht für Balkone, ausgenommen offene Gänge, die als notwendige Flure dienen.

(2) Im Kellergeschoss müssen tragende und aussteifende Wände und Stützen

1.

in Gebäuden der Gebäudeklassen 3 bis 5 feuerbeständig,

2.

in Gebäuden der Gebäudeklassen 1 und 2 feuerhemmend

sein.

§ 29
Außenwände

(1) Außenwände und Außenwandteile wie Brüstungen und Schürzen sind so auszubilden, dass eine Brandausbreitung auf und in diesen Bauteilen ausreichend lang begrenzt ist.

(2) Nichttragende Außenwände und nichttragende Teile tragender Außenwände müssen aus nichtbrennbaren Baustoffen bestehen; sie sind aus brennbaren Baustoffen zulässig, wenn sie als raumabschließende Bauteile feuerhemmend sind. Satz 1 gilt nicht für brennbare Fensterprofile und Fugendichtungen sowie brennbare Dämmstoffe in nichtbrennbaren geschlossenen Profilen der Außenwandkonstruktion.

(3) Oberflächen von Außenwänden sowie Außenwandbekleidungen müssen einschließlich der Dämmstoffe und Unterkonstruktionen schwerentflammbar sein; Unterkonstruktionen aus normalentflammbaren Baustoffen sind zulässig, wenn die Anforderungen nach Absatz 1 erfüllt sind. Balkonbekleidungen, die über die erforderliche Umwehrungshöhe hinaus hochgeführt werden, müssen schwerentflammbar sein.

(4) Bei Außenwandkonstruktionen mit geschossübergreifenden Hohl- oder Lufträumen wie Doppelfassaden und hinterlüfteten Außenwandbekleidungen sind gegen die Brandausbreitung die erforderlichen Vorkehrungen zu treffen.

(5) Die Absätze 2 und 3 gelten nicht für Gebäude der Gebäudeklassen 1 bis 3.

§ 30
Trennwände

(1) Trennwände nach Absatz 2 müssen als raumabschließende Bauteile von Räumen oder Nutzungseinheiten innerhalb von Geschossen ausreichend lang widerstandsfähig gegen die Brandausbreitung sein.

(2) Trennwände sind erforderlich

1.

   zwischen Nutzungseinheiten sowie zwischen Nutzungseinheiten und anders genutzten Räumen, ausgenommen notwendigen Fluren,

2.

   zum Abschluss von Räumen mit Explosions- oder erhöhter Brandgefahr,

3.

   zwischen Aufenthaltsräumen und anders genutzten Räumen im Kellergeschoss.

(3) Trennwände nach Absatz 2 Nr. 1 und 3 müssen die

Feuerwiderstandsfähigkeit der tragenden und aussteifenden Bauteile des Geschosses haben, jedoch mindestens feuerhemmend sein. Trennwände nach Absatz 2 Nr. 2 müssen feuerbeständig sein.

(4) Die Trennwände nach Absatz 2 sind bis zur Rohdecke, im Dachraum bis unter die Dachhaut zu führen; werden in Dachräumen Trennwände nur bis zur Rohdecke geführt, ist diese Decke als raumabschließendes Bauteil einschließlich der sie tragenden und aussteifenden Bauteile feuerhemmend herzustellen.

(5) Öffnungen in Trennwänden nach Absatz 2 sind nur zulässig, wenn sie auf die für die Nutzung erforderliche Zahl und Größe beschränkt sind; sie müssen feuerhemmende, dicht- und selbstschließende Abschlüsse haben.

(6) Die Absätze 1 bis 5 gelten nicht für Wohngebäude der Gebäudeklassen 1 und 2.

§ 31
Brandwände

(1) Brandwände müssen als raumabschließende Bauteile zum Abschluss von Gebäuden (Gebäudeabschlusswand) oder zur Unterteilung von Gebäuden in Brandabschnitte (innere Brandwand) ausreichend lang die Brandausbreitung auf andere Gebäude oder Brandabschnitte verhindern.

(2) Brandwände sind erforderlich

1.

als Gebäudeabschlusswand, ausgenommen von Kleingaragen einschließlich Abstellräumen mit nicht mehr als 20 m² Grundfläche sowie von Gebäuden im Sinne des § 6 Abs. 7 Satz 1 Nr. 3 mit nicht mehr als 20 m² Grundfläche, wenn diese Abschlusswände an oder mit einem Abstand bis zu 2,50 m gegenüber der Grundstücksgrenze errichtet werden, es sei denn, dass ein Abstand von mindestens 5 m zu bestehenden oder nach den baurechtlichen Vorschriften zulässigen künftigen Gebäuden gesichert ist,

2.

als innere Brandwand zur Unterteilung ausgedehnter Gebäude in Abständen von nicht mehr als 40 m,

3.

als innere Brandwand zur Unterteilung landwirtschaftlich genutzter Gebäude in Brandabschnitte von nicht mehr als 10.000 m³ Brutto-Rauminhalt,

4.

als Gebäudeabschlusswand zwischen Wohngebäuden und angebauten landwirtschaftlich genutzten Gebäuden sowie als innere Brandwand zwischen dem Wohnteil und dem landwirtschaftlich genutzten Teil eines Gebäudes.

(3) Brandwände müssen auch unter zusätzlicher mechanischer Beanspruchung feuerbeständig sein und aus nichtbrennbaren Baustoffen bestehen. Anstelle von Brandwänden nach Satz 1 sind zulässig

1.

für Gebäude der Gebäudeklasse 4 Wände, die auch unter zusätzlicher mechanischer Beanspruchung hochfeuerhemmend sind,

2.

für Gebäude der Gebäudeklassen 1 bis 3 hochfeuerhemmende Wände,

3.

für Gebäude der Gebäudeklassen 1 bis 3 Gebäudeabschlusswände, die jeweils von innen nach außen die Feuerwiderstandsfähigkeit der tragenden und aussteifenden Teile des Gebäudes, mindestens jedoch feuerhemmende Bauteile, und von außen nach innen die Feuerwiderstandsfähigkeit feuerbeständiger Bauteile haben,

4.

in den Fällen des Absatzes 2 Nr. 4 feuerbeständige Wände, wenn der umbaute Raum des landwirtschaftlich genutzten Gebäudes oder Gebäudeteils nicht größer als 2.000 m³ ist.

(4) Brandwände müssen bis zur Bedachung durchgehen und in allen Geschossen übereinander angeordnet sein. Abweichend davon dürfen anstelle innerer Brandwände Wände geschossweise versetzt angeordnet werden, wenn

1.

die Wände im Übrigen Absatz 3 Satz 1 entsprechen,

2.

die Decken, soweit sie in Verbindung mit diesen Wänden stehen, feuerbeständig sind, aus nichtbrennbaren Baustoffen bestehen und keine Öffnungen haben,

3.

die Bauteile, die diese Wände und Decken unterstützen, feuerbeständig sind und aus nichtbrennbaren Baustoffen bestehen,

4.

die Außenwände in der Breite des Versatzes in dem Geschoss oberhalb oder unterhalb des Versatzes feuerbeständig sind und

5.

Öffnungen in den Außenwänden im Bereich des Versatzes so angeordnet oder andere Vorkehrungen so getroffen sind, dass eine Brandausbreitung in andere Brandabschnitte nicht zu befürchten ist.

(5) Brandwände sind 0,30 m über die Bedachung zu führen oder in Höhe der Dachhaut mit einer beiderseits 0,50 m auskragenden feuerbeständigen Platte aus nichtbrennbaren Baustoffen abzuschließen; darüber dürfen brennbare Teile des Daches nicht hinweggeführt werden. Bei Gebäuden der Gebäudeklassen 1 bis 3 sind Brandwände mindestens bis unter die Dachhaut zu führen. Verbleibende Hohlräume sind vollständig mit nichtbrennbaren Baustoffen auszufüllen.

(6) Müssen Gebäude oder Gebäudeteile, die über Eck zusammenstoßen, durch eine Brandwand getrennt werden, so muss der Abstand dieser Wand von der inneren Ecke mindestens 5 m betragen; das gilt nicht, wenn der Winkel der inneren Ecke mehr als 120° beträgt oder mindestens eine Außenwand auf 5 m Länge als öffnungslose feuerbeständige Wand aus nichtbrennbaren Baustoffen ausgebildet ist.

(7) Bauteile mit brennbaren Baustoffen dürfen über Brandwände nicht hinweggeführt werden. Außenwandkonstruktionen, die eine seitliche Brandausbreitung begünstigen können wie Doppelfassaden oder hinterlüftete Außenwandbekleidungen, dürfen ohne besondere Vorkehrungen über Brandwände nicht hinweggeführt werden. Bauteile dürfen in Brandwände nur soweit eingreifen, dass deren Feuerwiderstandsfähigkeit nicht beeinträchtigt wird; für Leitungen, Leitungsschlitze und Schornsteine gilt dies entsprechend.

(8) Öffnungen in Brandwänden sind unzulässig. Sie sind in inneren Brandwänden nur zulässig, wenn sie auf die für die Nutzung erforderliche Zahl und Größe beschränkt sind; die Öffnungen müssen feuerbeständige, dicht- und selbstschließende Abschlüsse haben.

(9) In inneren Brandwänden sind feuerbeständige Verglasungen nur zulässig, wenn sie auf die für die Nutzung erforderliche Zahl und Größe beschränkt sind.

(10) Absatz 2 Nr. 1 gilt nicht für seitliche Wände von Vorbauten im Sinne des § 6 Abs. 6, wenn sie von dem Nachbargebäude oder der Nachbargrenze einen Abstand einhalten, der ihrer eigenen Ausladung entspricht, mindestens jedoch 1 m beträgt.

(11) Die Absätze 4 bis 10 gelten entsprechend auch für Wände, die nach Absatz 3 Satz 2 anstelle von Brandwänden zulässig sind.

§ 32
Decken

(1) Decken müssen als tragende und raumabschließende Bauteile zwischen Geschossen im Brandfall ausreichend lang standsicher und widerstandsfähig gegen die Brandausbreitung sein. Sie müssen

1.

   in Gebäuden der Gebäudeklasse 5 feuerbeständig,

2.

   in Gebäuden der Gebäudeklasse 4 hochfeuerhemmend,

3.

   in Gebäuden der Gebäudeklassen 2 und 3 feuerhemmend

sein. Satz 2 gilt

1.

   für Geschosse im Dachraum nur, wenn darüber Aufenthaltsräume angeordnet sind; § 30 Abs. 4 bleibt unberührt,

2.

   nicht für Balkone, ausgenommen offene Gänge, die als notwendige Flure dienen.

(2) Im Kellergeschoss müssen Decken

1.

   in Gebäuden der Gebäudeklassen 3 bis 5 feuerbeständig,

2.

   in Gebäuden der Gebäudeklassen 1 und 2 feuerhemmend

sein. Decken müssen feuerbeständig sein

1.

   unter und über Räumen mit Explosions- oder erhöhter Brandgefahr, ausgenommen in Wohngebäuden der Gebäudeklassen 1 und 2,

2.

   zwischen dem landwirtschaftlich genutzten Teil und dem Wohnteil eines Gebäudes.

34

(3) Der Anschluss der Decken an die Außenwand ist so herzustellen, dass er den Anforderungen aus Absatz 1 Satz 1 genügt.

(4) Öffnungen in Decken, für die eine Feuerwiderstandsfähigkeit vorgeschrieben ist, sind nur zulässig

1.

   in Gebäuden der Gebäudeklassen 1 und 2,

2.

   innerhalb derselben Nutzungseinheit mit nicht mehr als insgesamt 400 m² in nicht mehr als zwei Geschossen,

3.

   im Übrigen, wenn sie auf die für die Nutzung erforderliche Zahl und Größe beschränkt sind und Abschlüsse mit der Feuerwiderstandsfähigkeit der Decke haben.

§ 33
Dächer

(1) Bedachungen müssen gegen eine Brandbeanspruchung von außen durch Flugfeuer und strahlende Wärme ausreichend lang widerstandsfähig sein (harte Bedachung).

(2) Bedachungen, die die Anforderungen nach Absatz 1 nicht erfüllen, sind zulässig bei Gebäuden der Gebäudeklassen 1 bis 3, wenn die Dächer der Gebäude

1.

   einen Abstand von der Grundstücksgrenze von mindestens 12 m,

2.

   von Gebäuden auf demselben Grundstück mit harter Bedachung einen Abstand von mindestens 15 m,

3.

   von Gebäuden auf demselben Grundstück mit Bedachungen, die die Anforderungen nach Absatz 1 nicht erfüllen, einen Abstand von mindestens 24 m,

4.

   von Gebäuden auf demselben Grundstück ohne Aufenthaltsräume und

35

ohne Feuerstätten mit nicht mehr als 50 m³ Brutto-Rauminhalt einen Abstand von mindestens 5 m

einhalten. Soweit Gebäude nach Satz 1 Abstand halten müssen, genügt bei Wohngebäuden und Ferienwohngebäuden jeweils der Gebäudeklassen 1 und 2 in den Fällen

1.

des Satzes Nr. 1 ein Abstand von mindestens 6 m,

2.

des Satzes Nr. 2 ein Abstand von mindestens 9 m,

3.

des Satzes Nr. 3 ein Abstand von mindestens 12 m.

Gebäude mit harter Bedachung müssen von vorhandenen Gebäuden mit weicher Bedachung nach Satz 1 auf demselben Grundstück einen Abstand von mindestens 15 m, von vorhandenen Gebäuden mit weicher Bedachung nach Satz 2 auf demselben Grundstück einen Abstand von mindestens 9 m einhalten. Abweichungen von den Sätzen 1 und 2 sind auf Halligen, Warften sowie in Ortskernen mit bauhistorisch oder volkskundlich wertvollem Baubestand zulässig, wenn wegen der Lage der Gebäude zueinander Bedenken hinsichtlich des Brandschutzes zurückgestellt werden können. Abweichungen von Satz 3 sind zulässig, wenn wegen des Brandschutzes Bedenken nicht bestehen. Zur Befestigung weicher Bedachung dürfen nur nichtbrennbare Stoffe verwendet werden. In den Fällen des Satzes 1 Nr. 1 und des Satzes 2 Nr. 1 gilt § 6 Abs. 2 Satz 2 entsprechend.

(3) Die Absätze 1 und 2 gelten nicht für

1.

Gebäude ohne Aufenthaltsräume und ohne Feuerstätten mit nicht mehr als 50 m³ Brutto-Rauminhalt,

2.

lichtdurchlässige Bedachungen aus nichtbrennbaren Baustoffen; brennbare Fugendichtungen und brennbare Dämmstoffe in nichtbrennbaren Profilen sind zulässig,

3.

Lichtkuppeln und Oberlichte von Wohngebäuden,

4.

Eingangsüberdachungen und Vordächer aus nichtbrennbaren Baustoffen,

5.

Eingangsüberdachungen aus brennbaren Baustoffen, wenn die Eingänge nur zu Wohnungen führen.

(4) Abweichend von den Absätzen 1 und 2 sind

1.

lichtdurchlässige Teilflächen aus brennbaren Baustoffen in Bedachungen nach Absatz 1 und

2.

begrünte Bedachungen

zulässig, wenn eine Brandentstehung bei einer Brandbeanspruchung von außen durch Flugfeuer und strahlende Wärme nicht zu befürchten ist oder Vorkehrungen hiergegen getroffen werden.

(5) Dachüberstände, Dachgesimse und Dachaufbauten, lichtdurchlässige Bedachungen, Lichtkuppeln und Oberlichte sind so anzuordnen und herzustellen, dass Feuer nicht auf andere Gebäudeteile und Nachbargrundstücke übertragen werden kann. Von Brandwänden und von Wänden, die anstelle von Brandwänden zulässig sind, müssen mindestens 1,25 m entfernt sein

1.

Oberlichte, Lichtkuppeln und Öffnungen in der Bedachung, wenn diese Wände nicht mindestens 0,30 m über die Bedachung geführt sind,

2.

Dachgauben und ähnliche Dachaufbauten aus brennbaren Baustoffen, wenn sie nicht durch diese Wände gegen Brandübertragung geschützt sind.

(6) Dächer von traufseitig aneinander gebauten Gebäuden müssen als raumabschließende Bauteile für eine Brandbeanspruchung von innen nach außen einschließlich der sie tragenden und aussteifenden Bauteile feuerhemmend sein. Öffnungen in diesen Dachflächen müssen, waagerecht gemessen, mindestens 2 m von der Brandwand oder der Wand, die anstelle der Brandwand zulässig ist, entfernt sein.

(7) Dächer von Anbauten, die an Außenwände mit Öffnungen oder ohne Feuerwiderstandsfähigkeit anschließen, müssen innerhalb eines Abstands von 5 m von diesen Wänden als raumabschließende Bauteile für eine

Brandbeanspruchung von innen nach außen einschließlich der sie tragenden und aussteifenden Bauteile die Feuerwiderstandsfähigkeit der Decken des Gebäudeteils haben, an den sie angebaut werden. Dies gilt nicht für Anbauten an Wohngebäude der Gebäudeklassen 1 bis 3.

(8) Dächer an Verkehrsflächen und über Eingängen müssen Vorrichtungen zum Schutz gegen das Herabfallen von Schnee und Eis haben, wenn dies die Verkehrssicherheit erfordert.

(9) Für vom Dach aus vorzunehmende Arbeiten sind sicher benutzbare Vorrichtungen anzubringen.

Abschnitt V
Rettungswege, Öffnungen, Umwehrungen

§ 34
Erster und zweiter Rettungsweg

(1) Für Nutzungseinheiten mit mindestens einem Aufenthaltsraum wie Wohnungen, Praxen, selbstständige Betriebsstätten müssen in jedem Geschoss mindestens zwei voneinander unabhängige Rettungswege ins Freie vorhanden sein; beide Rettungswege dürfen jedoch innerhalb des Geschosses über denselben notwendigen Flur führen.

(2) Für Nutzungseinheiten nach Absatz 1, die nicht zu ebener Erde liegen, muss der erste Rettungsweg über eine notwendige Treppe führen. Der zweite Rettungsweg kann eine weitere notwendige Treppe sein oder über eine mit Rettungsgeräten der Feuerwehr erreichbare Stelle der Nutzungseinheit führen. Ein zweiter Rettungsweg ist nicht erforderlich, wenn die Rettung über einen sicher erreichbaren Treppenraum möglich ist, in den Feuer und Rauch nicht eindringen können (Sicherheitstreppenraum).

(3) Gebäude, deren zweiter Rettungsweg über Rettungsgeräte der Feuerwehr führt und bei denen die Oberkante der Brüstung von zum Anleitern bestimmten Fenstern oder Stellen mehr als 8 m über der festgelegten Geländeoberfläche liegt, dürfen nur errichtet werden, wenn die Feuerwehr über die erforderlichen Rettungsgeräte wie Hubrettungsfahrzeuge verfügt. Bei Sonderbauten ist der zweite Rettungsweg über Rettungsgeräte der Feuerwehr nur zulässig, wenn keine Bedenken wegen der Personenrettung bestehen.

§ 35
Treppen

(1) Jedes nicht zu ebener Erde liegende Geschoss und der benutzbare Dachraum eines Gebäudes müssen über mindestens eine Treppe zugänglich sein (notwendige Treppe). Statt notwendiger Treppen sind Rampen mit bis zu 6 % Neigung zulässig.

(2) Einschiebbare Treppen und Rolltreppen sind als notwendige Treppen unzulässig. In Gebäuden der Gebäudeklassen 1 und 2 sind einschiebbare Treppen und Leitern als Zugang zu einem Dachraum ohne Aufenthaltsraum zulässig.

(3) Notwendige Treppen sind in einem Zuge zu allen angeschlossenen

Geschossen zu führen; sie müssen mit den Treppen zum Dachraum unmittelbar verbunden sein. Dies gilt nicht für Treppen

1.

in Gebäuden der Gebäudeklassen 1 bis 3,

2.

nach § 36 Abs. 1 Satz 3 Nr. 2.

(4) Die tragenden Teile notwendiger Treppen müssen

1.

in Gebäuden der Gebäudeklasse 5 feuerhemmend und aus nichtbrennbaren Baustoffen,

2.

in Gebäuden der Gebäudeklasse 4 aus nichtbrennbaren Baustoffen,

3.

in Gebäuden der Gebäudeklasse 3 aus nichtbrennbaren Baustoffen oder feuerhemmend

sein. Tragende Teile von Außentreppen nach § 36 Abs. 1 Satz 3 Nr. 3 für Gebäude der Gebäudeklassen 3 bis 5 müssen aus nichtbrennbaren Baustoffen bestehen.

(5) Die nutzbare Breite der Treppenläufe und Treppenabsätze notwendiger Treppen muss für den größten zu erwartenden Verkehr ausreichen.

(6) Treppen müssen einen festen und griffsicheren Handlauf haben. Für Treppen sind Handläufe auf beiden Seiten und Zwischenhandläufe vorzusehen, soweit die Verkehrssicherheit dies erfordert.

(7) Eine Treppe darf nicht unmittelbar hinter einer Tür beginnen, die in Richtung der Treppe aufschlägt; zwischen Treppe und Tür ist ein ausreichender Treppenabsatz anzuordnen.

(8) In und an Gebäuden, in denen mit der Anwesenheit von Kindern gerechnet werden muss, darf bei Treppen ohne Setzstufen oder ohne geschlossene Unterseiten das lichte Maß der Öffnung zwischen den Trittstufen 12 cm nicht übersteigen.

§ 36
Notwendige Treppenräume, Ausgänge

(1) Jede notwendige Treppe muss zur Sicherstellung der Rettungswege aus den Geschossen ins Freie in einem eigenen, durchgehenden Treppenraum

liegen (notwendiger Treppenraum). Notwendige Treppenräume müssen so angeordnet und ausgebildet sein, dass die Nutzung der notwendigen Treppen im Brandfall ausreichend lang möglich ist. Notwendige Treppen sind ohne eigenen Treppenraum zulässig

1.

in Gebäuden der Gebäudeklassen 1 und 2,

2.

für die Verbindung von höchstens zwei Geschossen innerhalb derselben Nutzungseinheit von insgesamt nicht mehr als 200 m2, wenn in jedem Geschoss ein anderer Rettungsweg erreicht werden kann,

3.

als Außentreppe, wenn ihre Nutzung ausreichend sicher ist und im Brandfall nicht gefährdet werden kann.

(2) Von jeder Stelle eines Aufenthaltsraumes sowie eines Kellergeschosses muss mindestens ein Ausgang in einen notwendigen Treppenraum oder ins Freie in höchstens 35 m Entfernung erreichbar sein. Übereinander liegende Kellergeschosse müssen jeweils mindestens zwei Ausgänge in notwendige Treppenräume oder ins Freie haben. Sind mehrere notwendige Treppenräume erforderlich, müssen sie so verteilt sein, dass sie möglichst entgegengesetzt liegen und die Rettungswege möglichst kurz sind.

(3) Jeder notwendige Treppenraum muss an einer Außenwand liegen und einen unmittelbaren Ausgang ins Freie haben. Innen liegende notwendige Treppenräume sind zulässig, wenn ihre Nutzung ausreichend lang nicht durch Raucheintritt gefährdet werden kann. Sofern der Ausgang eines notwendigen Treppenraumes nicht unmittelbar ins Freie führt, muss der Raum zwischen dem notwendigen Treppenraum und dem Ausgang ins Freie

1.

mindestens so breit sein wie die dazugehörigen Treppenläufe,

2.

Wände haben, die die Anforderungen an die Wände des Treppenraumes erfüllen,

3.

rauchdichte und selbstschließende Abschlüsse zu notwendigen Fluren haben und

4.

40

ohne Öffnungen zu anderen Räumen, ausgenommen zu notwendigen Fluren, sein.

(4) Die Wände notwendiger Treppenräume müssen als raumabschließende Bauteile

1.

in Gebäuden der Gebäudeklasse 5 die Bauart von Brandwänden haben,

2.

in Gebäuden der Gebäudeklasse 4 auch unter zusätzlicher mechanischer Beanspruchung hoch-feuerhemmend und

3.

in Gebäuden der Gebäudeklasse 3 feuerhemmend

sein. Dies ist nicht erforderlich für Außenwände von Treppenräumen, die aus nichtbrennbaren Baustoffen bestehen und durch andere an diese Außenwände anschließende Gebäudeteile im Brandfall nicht gefährdet werden können. Der obere Abschluss notwendiger Treppenräume muss als raumabschließendes Bauteil die Feuerwiderstandsfähigkeit der Decken des Gebäudes haben; dies gilt nicht, wenn der obere Abschluss das Dach ist und die Treppenraumwände bis unter die Dachhaut reichen.

(5) In notwendigen Treppenräumen und in Räumen nach Absatz 3 Satz 3 müssen

1.

Bekleidungen, Putze, Dämmstoffe, Unterdecken und Einbauten aus nichtbrennbaren Baustoffen bestehen,

2.

Wände und Decken aus brennbaren Baustoffen eine Bekleidung aus nichtbrennbaren Baustoffen in ausreichender Dicke haben,

3.

Bodenbelage, ausgenommen Gleitschutzprofile, aus mindestens schwerentflammbaren Baustoffen bestehen.

(6) In notwendigen Treppenräumen müssen Öffnungen

1.

zu Kellergeschossen, zu nicht ausgebauten Dachräumen, Werkstätten,

Läden, Lager- und ähnlichen Räumen sowie zu sonstigen Räumen und Nutzungseinheiten mit einer Fläche von mehr als 200 m², ausgenommen Wohnungen, mindestens feuerhemmende, rauchdichte und selbstschließende Abschlüsse,

2.

zu notwendigen Fluren rauchdichte und selbstschließende Abschlüsse,

3.

zu sonstigen Räumen und Nutzungseinheiten mindestens dicht- und selbstschließende Abschlüsse

haben. Die Feuerschutz- und Rauchschutzabschlüsse dürfen lichtdurchlässige Seitenteile und Oberlichte enthalten, wenn der Abschluss insgesamt nicht breiter als 2,50 m ist.

(7) Notwendige Treppenräume müssen zu beleuchten sein. Innen liegende notwendige Treppenräume müssen in Gebäuden mit einer Höhe nach § 2 Abs. 3 Satz 2 von mehr als 13 m eine Sicherheitsbeleuchtung haben.

(8) Notwendige Treppenräume müssen belüftet werden können. Sie müssen in jedem oberirdischen Geschoss unmittelbar ins Freie führende Fenster mit einem freien Querschnitt von mindestens 0,50 m² haben, die geöffnet werden können. Für innen liegende notwendige Treppenräume und notwendige Treppenräume in Gebäuden mit einer Höhe nach § 2 Abs. 3 Satz 2 von mehr als 13 m ist an der obersten Stelle eine Öffnung zur Rauchableitung mit einem freien Querschnitt von mindestens 1 m² erforderlich; sie muss vom Erdgeschoss sowie vom obersten Treppenabsatz aus geöffnet werden können.

§ 37
Notwendige Flure, offene Gänge

(1) Flure, über die Rettungswege aus Aufenthaltsräumen oder aus Nutzungseinheiten mit Aufenthaltsräumen zu Ausgängen in notwendige Treppenräume oder ins Freie führen (notwendige Flure), müssen so angeordnet und ausgebildet sein, dass die Nutzung im Brandfall ausreichend lang möglich ist. Notwendige Flure sind nicht erforderlich

1.

in Wohngebäuden der Gebäudeklassen 1 und 2,

2.

in sonstigen Gebäuden der Gebäudeklassen 1 und 2, ausgenommen in Kellergeschossen,

3.

42

innerhalb von Wohnungen oder innerhalb von Nutzungseinheiten mit nicht mehr als 200 m2,

4.

innerhalb von Nutzungseinheiten, die einer Büro- oder Verwaltungsnutzung dienen, mit nicht mehr als 400 m²; das gilt auch für Teile größerer Nutzungseinheiten, wenn diese Teile nicht größer als 400 m² sind, Trennwände nach § 30 Abs. 2 Nr. 1 haben und jeder Teil unabhängig von anderen Teilen Rettungswege nach § 34 Abs. 1 hat.

(2) Notwendige Flure müssen so breit sein, dass sie für den größten zu erwartenden Verkehr ausreichen. In den Fluren ist eine Folge von weniger als drei Stufen unzulässig.

(3) Notwendige Flure sind durch nichtabschließbare, rauchdichte und selbstschließende Abschlüsse in Rauchabschnitte zu unterteilen. Die Rauchabschnitte sollen nicht länger als 30 m sein. Die Abschlüsse sind bis an die Rohdecke zu führen; sie dürfen bis an die Unterdecke der Flure geführt werden, wenn die Unterdecke feuerhemmend ist. Notwendige Flure mit nur einer Fluchtrichtung, die zu einem Sicherheitstreppenraum führen, dürfen nicht länger als 15 m sein. Die Sätze 1 bis 4 gelten nicht für offene Gänge nach Absatz 5.

(4) Die Wände notwendiger Flure müssen als raumabschließende Bauteile feuerhemmend, in Kellergeschossen, deren tragende und aussteifende Bauteile feuerbeständig sein müssen, feuerbeständig sein. Die Wände sind bis an die Rohdecke zu führen. Sie dürfen bis an die Unterdecke der Flure geführt werden, wenn die Unterdecke feuerhemmend und ein demjenigen nach Satz 1 vergleichbarer Raumabschluss sichergestellt ist. Türen in diesen Wänden müssen dicht schließen; Öffnungen zu Lagerbereichen im Kellergeschoss müssen feuerhemmende, dicht- und selbstschließende Abschlüsse haben.

(5) Für Wände und Brüstungen notwendiger Flure mit nur einer Fluchtrichtung, die als offene Gänge vor den Außenwänden angeordnet sind, gilt Absatz 4 entsprechend. Fenster sind in diesen Außenwänden ab einer Brüstungshöhe von 0,90 m zulässig.

(6) In notwendigen Fluren sowie in offenen Gängen nach Absatz 5 müssen

1.

Bekleidungen, Putze, Unterdecken und Dämmstoffe aus nichtbrennbaren Baustoffen bestehen,

2.

Wände und Decken aus brennbaren Baustoffen eine Bekleidung aus nichtbrennbaren Baustoffen in ausreichender Dicke haben.

§ 38
Fenster, Türen, sonstige Öffnungen

(1) Können die Fensterflächen nicht gefahrlos vom Erdboden, vom Innern des Gebäudes, von Loggien oder Balkonen aus gereinigt werden, so sind Vorrichtungen wie Aufzüge, Halterungen oder Stangen anzubringen, die eine Reinigung von außen ermöglichen.

(2) Glastüren und andere Glasflächen, die bis zum Fußboden allgemein zugänglicher Verkehrsflächen herabreichen, müssen bruchsicher sein und sind so zu kennzeichnen, dass sie leicht erkannt werden können. Weitere Schutzmaßnahmen sind für größere Glasflächen vorzusehen, wenn dies die Verkehrssicherheit erfordert.

(3) Eingangstüren von Wohnungen, die über Aufzüge erreichbar sein müssen, müssen eine lichte Durchgangsbreite von mindestens 0,90 m haben.

(4) Jedes Kellergeschoss ohne Fenster muss mindestens eine Öffnung ins Freie haben, um eine Rauchableitung zu ermöglichen. Gemeinsame Kellerlichtschächte für übereinander liegende Kellergeschosse sind unzulässig.

(5) Fenster, die als Rettungswege nach § 34 Abs. 2 Satz 2 dienen, müssen im Lichten mindestens 0,90 m x 1,20 m groß und dürfen nicht höher als 1,20 m über der Fußbodenoberkante angeordnet sein. Liegen diese Fenster in Dachschrägen oder Dachaufbauten, so darf ihre Unterkante oder ein davor liegender Austritt von der Traufkante horizontal gemessen nicht mehr als 1 m entfernt sein.

§ 39
Umwehrungen

(1) In, an und auf baulichen Anlagen sind zu umwehren oder mit Brüstungen zu versehen:

1.

    Flächen, die im Allgemeinen zum Begehen bestimmt sind und unmittelbar an mehr als 1 m tiefer liegende Flächen angrenzen; dies gilt nicht, wenn die Umwehrung dem Zweck der Flächen widerspricht,

2.

    nicht begehbare Oberlichte und Glasabdeckungen in Flächen, die im Allgemeinen zum Begehen bestimmt sind, wenn sie weniger als 0,50 m aus diesen Flächen herausragen,

3.

    Dächer oder Dachteile, die zum auch nur zeitweiligen Aufenthalt von Menschen bestimmt sind,

4.

Öffnungen in begehbaren Decken sowie in Dächern oder Dachteilen nach Nummer 3, wenn sie nicht sicher abgedeckt sind,

5.

nicht begehbare Glasflächen in Decken sowie in Dächern oder Dachteilen nach Nummer 3,

6.

die freien Seiten von Treppenläufen, Treppenabsätzen und Treppenöffnungen (Treppenaugen),

7.

Kellerlichtschächte und Betriebsschächte, die an Verkehrsflächen liegen, wenn sie nicht verkehrssicher abgedeckt sind.

(2) In Verkehrsflächen liegende Kellerlichtschächte und Betriebsschächte sind in Höhe der Verkehrsfläche verkehrssicher abzudecken. An und in Verkehrsflächen liegende Abdeckungen müssen gegen unbefugtes Abheben gesichert sein. Fenster, die unmittelbar an Treppen liegen und deren Brüstung unter der notwendigen Umwehrungshöhe liegen, sind zu sichern.

(3) Fensterbrüstungen von Flächen mit einer Absturzhöhe bis zu 12 m müssen mindestens 0,80 m, von Flächen mit mehr als 12 m Absturzhöhe mindestens 0,90 m hoch sein. Geringere Brüstungshöhen sind zulässig, wenn durch andere Vorrichtungen wie Geländer die nach Absatz 4 vorgeschriebenen Mindesthöhen eingehalten werden.

(4) Andere notwendige Umwehrungen müssen folgende Mindesthöhen haben:

1.

Umwehrungen zur Sicherung von Öffnungen in begehbaren Decken und Dächern sowie Umwehrungen von Flächen mit einer Absturzhöhe

von 1 m bis zu 12 m   0,90 m,

2.

Umwehrungen von Flächen mit mehr als

12 m Absturzhöhe   1,10 m.

Abschnitt VI
Technische Gebäudeausrüstung

§ 40
Aufzüge

(1) Aufzüge im Innern von Gebäuden müssen eigene Fahrschächte haben, um eine Brandausbreitung in andere Geschosse ausreichend lang zu verhindern. In einem Fahrschacht dürfen bis zu drei Aufzüge liegen. Aufzüge ohne eigene Fahrschächte sind zulässig

1.

   innerhalb eines notwendigen Treppenraumes, ausgenommen in Hochhäusern,

2.

   innerhalb von Räumen, die Geschosse überbrücken,

3.

   zur Verbindung von Geschossen, die offen miteinander in Verbindung stehen dürfen,

4.

   in Gebäuden der Gebäudeklassen 1 und 2;

sie müssen sicher umkleidet sein.

(2) Die Fahrschachtwände müssen als raumabschließende Bauteile

1.

   in Gebäuden der Gebäudeklasse 5 feuerbeständig und aus nichtbrennbaren Baustoffen,

2.

   in Gebäuden der Gebäudeklasse 4 hochfeuerhemmend,

3.

   in Gebäuden der Gebäudeklasse 3 feuerhemmend

sein; Fahrschachtwände aus brennbaren Baustoffen müssen schachtseitig eine Bekleidung aus nichtbrennbaren Baustoffen in ausreichender Dicke haben. Fahrschachttüren und andere Öffnungen in Fahrschachtwänden mit erforderlicher Feuerwiderstandsfähigkeit sind so herzustellen, dass die Anforderungen nach Absatz 1 Satz 1 nicht beeinträchtigt werden.

(3) Fahrschächte müssen zu lüften sein und eine Öffnung zur Rauchableitung mit einem freien Querschnitt von mindestens 2,5 % der Fahrschachtgrundfläche, mindestens jedoch 0,10 m² haben. Die Lage der

Rauchaustrittsöffnungen muss so gewählt werden, dass der Rauchaustritt durch Windeinfluss nicht beeinträchtigt wird.

(4) Gebäude mit einer Höhe nach § 2 Abs. 3 Satz 2 von mehr als 13 m müssen Aufzüge in ausreichender Zahl haben. Von diesen Aufzügen muss mindestens ein Aufzug Kinderwagen, Rollstühle, Krankentragen und Lasten aufnehmen können und Haltestellen in allen Geschossen mit Aufenthaltsräumen und erforderlichen Nebenräumen haben. Dieser Aufzug muss von allen Geschossen mit Aufenthaltsräumen und erforderlichen Nebenräumen im Gebäude und von der öffentlichen Verkehrsfläche aus stufenlos erreichbar sein. § 52 Abs. 3 und 4 Satz 1 bis 5 gilt entsprechend.

(5) Fahrkörbe zur Aufnahme einer Krankentrage müssen eine nutzbare Grundfläche von mindestens 1,10 m x 2,10 m, zur Aufnahme eines Rollstuhls von mindestens 1,10 m x 1,40 m haben; Türen müssen eine lichte Durchgangsbreite von mindestens 0,90 m haben. In einem Aufzug für Rollstühle und Krankentragen darf der für Rollstühle nicht erforderliche Teil der Fahrkorbgrundfläche durch eine verschließbare Tür abgesperrt werden. Vor den Aufzügen muss eine ausreichende Bewegungsfläche vorhanden sein.

§ 41
Leitungsanlagen, Installationsschächte und -kanäle

(1) Leitungen dürfen durch raumabschließende Bauteile, für die eine Feuerwiderstandsfähigkeit vorgeschrieben ist, nur hindurchgeführt werden, wenn eine Brandausbreitung über einen ausreichend lang bemessenen Zeitraum nicht zu befürchten ist oder Vorkehrungen hierfür getroffen sind; dies gilt nicht für Decken

1.

   in Gebäuden der Gebäudeklassen 1 und 2,

2.

   innerhalb von Wohnungen,

3.

   innerhalb derselben Nutzungseinheit mit nicht mehr als insgesamt 400 m² in nicht mehr als zwei Geschossen.

(2) In notwendigen Treppenräumen, in Räumen nach § 36 Abs. 3 Satz 3 und in notwendigen Fluren sind Leitungsanlagen nur zulässig, wenn eine Nutzung als Rettungsweg im Brandfall ausreichend lang möglich ist.

(3) Für Installationsschächte und -kanäle gelten Absatz 1 sowie § 43 Abs. 2 und 3 entsprechend.

§ 42
Lüftungsanlagen

(1) Lüftungsanlagen müssen betriebssicher und brandsicher sein; sie dürfen den ordnungsgemäßen Betrieb von Feuerungsanlagen nicht beeinträchtigen.

(2) Lüftungsleitungen sowie deren Bekleidungen und Dämmstoffe müssen aus nichtbrennbaren Baustoffen bestehen; brennbare Baustoffe sind zulässig, wenn ein Beitrag der Lüftungsleitung zur Brandentstehung und Brandweiterleitung nicht zu befürchten ist. Lüftungsleitungen dürfen raumabschließende Bauteile, für die eine Feuerwiderstandsfähigkeit vorgeschrieben ist, nur überbrücken, wenn eine Brandausbreitung ausreichend lang nicht zu befürchten ist oder wenn Vorkehrungen hiergegen getroffen sind.

(3) Lüftungsanlagen sind so herzustellen, dass sie Gerüche, Staub und Geräusche nicht in andere Räume übertragen.

(4) Lüftungsanlagen dürfen nicht in Abgasanlagen eingeführt werden; die gemeinsame Nutzung von Lüftungsleitungen zur Lüftung und zur Ableitung der Abgase von Feuerstätten ist zulässig, wenn keine Bedenken wegen der Betriebssicherheit und des Brandschutzes bestehen. Die Abluft ist ins Freie zu führen. Gerüche, Staub und Geräusche aus Lüftungsanlagen dürfen nicht zu Gesundheitsbeeinträchtigungen oder unzumutbaren Belästigungen in der Nachbarschaft führen. Nicht zur Lüftungsanlage gehörende Einrichtungen sind in Lüftungsleitungen unzulässig.

(5) Die Absätze 2 und 3 gelten nicht

1.

    für Gebäude der Gebäudeklassen 1 und 2,

2.

    innerhalb von Wohnungen,

3.

    innerhalb derselben Nutzungseinheit mit nicht mehr als 400 m² in nicht mehr als zwei Geschossen.

(6) Für raumlufttechnische Anlagen und Warmluftheizungen gelten die Absätze 1 bis 5 entsprechend.

§ 43
Feuerungsanlagen, sonstige Anlagen
zur Wärmeerzeugung, Brennstoffversorgung

(1) Feuerstätten und Abgasanlagen (Feuerungsanlagen) müssen betriebssicher und brandsicher sein.

(2) Feuerstätten dürfen in Räumen nur aufgestellt werden, wenn nach der Art der Feuerstätte und nach Lage, Größe, baulicher Beschaffenheit und Nutzung der Räume Gefahren nicht entstehen.

(3) Abgase von Feuerstätten sind durch Abgasleitungen, Schornsteine und Verbindungsstücke (Abgasanlagen) so abzuführen, dass keine Gefahren oder unzumutbaren Belästigungen entstehen. Abgasanlagen sind in solcher Zahl und Lage und so herzustellen, dass die Feuerstätten des Gebäudes ordnungsgemäß angeschlossen werden können. Sie müssen leicht gereinigt werden können.

(4) Behälter und Rohrleitungen für brennbare Gase und Flüssigkeiten müssen betriebssicher und brandsicher sein. Diese Behälter sowie feste Brennstoffe sind so aufzustellen oder zu lagern, dass keine Gefahren oder unzumutbaren Belästigungen entstehen.

(5) Für die Aufstellung von ortsfesten Verbrennungsmotoren, Blockheizkraftwerken, Brennstoffzellen und Verdichtern sowie die Ableitung ihrer Verbrennungsgase gelten die Absätze 1 bis 3 entsprechend.

§ 44
Sanitäre Anlagen, Wasserzähler

(1) Fensterlose Bäder und Toiletten sind nur zulässig, wenn eine wirksame Lüftung gewährleistet ist.

(2) Jede Wohnung oder Nutzungseinheit in Gebäuden, die überwiegend Wohnzwecken dienen, muss einen eigenen Wasserzähler haben. Die Eigentümerinnen oder Eigentümer bestehender Gebäude sind verpflichtet, jede Wohnung bis zum 31. Dezember 2020 mit solchen Einrichtungen nachträglich auszurüsten. Abweichungen sind zuzulassen, soweit die Ausrüstung wegen besonderer Umstände durch einen unangemessenen Aufwand oder in sonstiger Weise zu unverhältnismäßigen Kosten führt.

§ 45
Kleinkläranlagen, Gruben und Anlagen
zum Lagern von Jauche, Gülle, Festmist und Silagesickersäften

(1) Kleinkläranlagen und Gruben müssen wasserdicht und ausreichend groß sein. Sie müssen eine dichte und sichere Abdeckung sowie Reinigungs- und Entleerungsöffnungen haben. Diese Öffnungen dürfen nur vom Freien aus zugänglich sein. Die Anlagen sind so zu entlüften, dass Gesundheitsschäden oder unzumutbare Belästigungen nicht entstehen. Die Zuleitungen zu Abwasserentsorgungsanlagen müssen geschlossen, dicht und, soweit erforderlich, zum Reinigen geeignet sein.

(2) Anlagen zum Lagern von Jauche, Gülle, Festmist und Silagesickersäften sind mit wasserundurchlässigen Böden anzulegen. Die Wände müssen ausreichend hoch wasserundurchlässig sein. Flüssige Abgänge aus Ställen und Anlagen zum Lagern von Festmist sind in Jauche- und Güllebehälter, aus Silagen in dichte Behälter, insbesondere Güllebehälter, zu leiten, die keine Verbindung zu Abwasserbeseitigungsanlagen haben dürfen.

§ 46
Aufbewahrung fester Abfall- und Wertstoffe

Feste Abfall- und Wertstoffe dürfen innerhalb von Gebäuden vorübergehend aufbewahrt werden, in Gebäuden der Gebäudeklassen 3 bis 5 jedoch nur, wenn die dafür bestimmten Räume

1.

Trennwände und Decken als raumabschließende Bauteile mit der Feuerwiderstandsfähigkeit der tragenden Wände und

2.

Öffnungen vom Gebäudeinnern zum Aufstellraum mit feuerhemmenden, dicht- und selbstschließenden Abschlüssen haben,

3.

unmittelbar vom Freien entleert werden können und

4.

eine ständig wirksame Lüftung haben.

In Wohngebäuden ist der Einbau von Abfallschächten unzulässig. Bei der Errichtung sonstiger Gebäude ist die Anlage von Abfallschächten nur zulässig, wenn eine getrennte Erfassung der festen Abfall- und Wertstoffe sichergestellt ist.

§ 47
Blitzschutzanlagen

Bauliche Anlagen, bei denen nach Lage, Bauart oder Nutzung Blitzschlag leicht eintreten oder zu schweren Folgen führen kann, sind mit dauernd wirksamen Blitzschutzanlagen zu versehen.

Abschnitt VII
Nutzungsbedingte Anforderungen

§ 48
Aufenthaltsräume

(1) Aufenthaltsräume müssen eine lichte Raumhöhe von mindestens 2,40 m haben. Aufenthaltsräume im Dachraum müssen eine lichte Höhe von mindestens 2,30 m über mindestens der Hälfte ihrer Grundfläche haben; Raumteile mit einer lichten Höhe bis zu 1,50 m bleiben bei der Berechnung der Grundfläche außer Betracht.

(2) Aufenthaltsräume müssen unmittelbar ins Freie führende Fenster von solcher Anzahl und Beschaffenheit haben, dass die Räume ausreichend belüftet und mit Tageslicht beleuchtet werden können (notwendige Fenster). Oberlichter anstelle von Fenstern sind zulässig, wenn wegen der Nutzung des Aufenthaltsraumes Bedenken nicht bestehen. Verglaste Vorbauten und Loggien sind vor notwendigen Fenstern zulässig, wenn für die dahinter liegenden Räume eine ausreichende Beleuchtung mit Tageslicht und Lüftung sichergestellt ist.

(3) Aufenthaltsräume, deren Nutzung eine Belichtung mit Tageslicht verbietet, sowie Verkaufsräume, Schank- und Speisegaststätten, ärztliche Behandlungs-, Sport-, Spiel-, Werk- und ähnliche Räume sind ohne Fenster zulässig.

§ 49
Wohnungen

(1) Jede Wohnung muss eine Küche oder Kochnische haben. Fensterlose Küchen oder Kochnischen sind zulässig, wenn eine wirksame Lüftung gewährleistet ist.

(2) Jede Wohnung muss über Abstellraum von mindestens 6 m² verfügen; davon muss mindestens 1 m² Abstellfläche innerhalb der Wohnung liegen. In Wohngebäuden der Gebäudeklassen 3 bis 5 sind leicht erreichbare und gut zugängliche abschließbare Abstellräume für Kinderwagen und Fahrräder und bei barrierefreien Wohnungen auch für Rollstühle herzustellen. Sie sind auch ebenerdig in der Abstandfläche von Gebäuden zulässig.

(3) Jede Wohnung muss ein Bad mit Badewanne oder Dusche und eine Toilette haben. Toiletten für Wohnungen müssen innerhalb der Wohnung liegen.

(4) In Wohnungen müssen Schlafräume, Kinderzimmer und Flure, über die Rettungswege von Aufenthaltsräumen führen, jeweils mindestens einen Rauchwarnmelder haben. Die Rauchwarnmelder müssen so eingebaut und betrieben werden, dass Brandrauch frühzeitig erkannt und gemeldet wird. Die Eigentümerinnen oder Eigentümer vorhandener Wohnungen sind verpflichtet, jede Wohnung bis zum 31. Dezember 2010 mit Rauchwarnmelder auszurüsten. Die Sicherstellung der Betriebsbereitschaft obliegt den unmittelbaren Besitzerinnen oder Besitzern, es sei denn, die Eigentümerin oder der Eigentümer übernimmt diese Verpflichtung selbst.

§ 50
Stellplätze und Garagen, Abstellanlagen für Fahrräder

(1) Bauliche Anlagen sowie andere Anlagen, bei denen ein Zu- oder Abgangsverkehr zu erwarten ist, dürfen nur errichtet werden, wenn Stellplätze oder Garagen in ausreichender Größe und in geeigneter Beschaffenheit (notwendige Stellplätze oder Garagen) sowie Abstellanlagen für Fahrräder hergestellt werden. Ihre Anzahl und Größe richtet sich nach Art und Anzahl der vorhandenen und zu erwartenden Kraftfahrzeuge und Fahrräder der ständigen Benutzerinnen und ständigen Benutzer und der Besucherinnen und Besucher der Anlagen. Es kann gestattet werden, dass die notwendigen Stellplätze oder Garagen sowie die Abstellanlagen für Fahrräder innerhalb einer angemessenen Frist nach Fertigstellung der Anlage im Sinne des Satzes 1 hergestellt werden. Mit Einverständnis der Gemeinde kann ganz oder teilweise auf die Herstellung von Stellplätzen und Garagen und die Zahlung eines Geldbetrages zur Ablösung verzichtet werden, insbesondere wenn eine günstige Anbindung an den öffentlichen Personennahverkehr besteht oder ausreichende Fahrradwege vorhanden sind. Stellplätze, Garagen oder Abstellanlagen für Fahrräder können mit Einverständnis der Gemeinde in allen Baugebieten für verschiedene Vorhaben mehrfach genutzt werden, wenn sich ihre Nutzungszeiten nicht

überschneiden und deren Zuordnung zu den Vorhaben öffentlich-rechtlich gesichert ist.

(2) Änderungen von Anlagen nach Absatz 1 sind nur zulässig, wenn Stellplätze oder Garagen sowie Abstellanlagen für Fahrräder in solcher Anzahl und Größe hergestellt werden, dass sie die infolge der Änderung zusätzlich zu erwartenden Kraftfahrzeuge und Fahrräder aufnehmen können. Absatz 1 Satz 4 und 5 gilt entsprechend.

(3) Für bestehende bauliche Anlagen und sonstige Anlagen kann die Bauaufsichtsbehörde im Einzelfall die Herstellung von Stellplätzen oder Garagen sowie Abstellanlagen für Fahrräder fordern, wenn dies im Hinblick auf die Art und Anzahl der Kraftfahrzeuge und der Fahrräder der ständigen Benutzerinnen und ständigen Benutzer und der Besucherinnen und Besucher der Anlage aus Gründen der Sicherheit des Verkehrs geboten ist. Die hierfür benötigten Flächen müssen in geeigneter Lage und Größe auf dem Baugrundstück oder in zumutbarer Entfernung davon vorhanden sein oder durch zumutbare Maßnahmen frei und zugänglich gemacht werden können. Die Gemeinde kann durch örtliche Bauvorschrift bestimmen, dass in genau abgegrenzten Teilen des Gemeindegebietes Stellplätze oder Garagen sowie Abstellanlagen für Fahrräder für bestehende bauliche Anlagen herzustellen sind, wenn die Bedürfnisse des ruhenden oder fließenden Verkehrs dies erfordern.

(4) Die Herstellung von Garagen anstelle von Stellplätzen oder von Stellplätzen anstelle von Garagen kann im Einzelfall gefordert werden, wenn die öffentliche Sicherheit oder die in Absatz 9 genannten Erfordernisse dies gebieten.

(5) Die Stellplätze und Garagen sowie Abstellanlagen für Fahrräder sind auf dem Baugrundstück herzustellen; die Stellplätze und Garagen dürfen auch in zumutbarer Entfernung vom Baugrundstück, die Abstellanlagen für Fahrräder in unmittelbarer Nähe auf einem geeigneten Grundstück hergestellt werden, dessen Benutzung für diesen Zweck öffentlich-rechtlich gesichert wird. Die Verpflichtung zur Herstellung notwendiger Stellplätze kann mit Einverständnis der Gemeinde auch durch Zahlung eines Geldbetrages erfüllt werden; Absatz 6 Satz 3 und 4 gilt entsprechend. Die Bauaufsichtsbehörde kann, wenn Gründe des Verkehrs dies erfordern, im Einzelfall bestimmen, dass die Stellplätze oder Garagen sowie Abstellanlagen für Fahrräder auf dem Baugrundstück oder auf einem anderen Grundstück herzustellen sind. Die Gemeinde kann durch örtliche Bauvorschrift für genau abgegrenzte Teile des Gemeindegebietes die Herstellung von Stellplätzen und Garagen untersagen oder einschränken, wenn und soweit Gründe des Verkehrs, städtebauliche Gründe oder Gründe des Umweltschutzes dies erfordern.

(6) Ist die Herstellung von Stellplätzen und Garagen oder Abstellanlagen für Fahrräder nach Absatz 5 Satz 1 nicht oder nur unter großen Schwierigkeiten möglich, so kann die Bauaufsichtsbehörde mit Einverständnis der Gemeinde verlangen, dass die oder der zur Herstellung Verpflichtete an die Gemeinde einen Geldbetrag zahlt. Dies gilt auch, wenn nach Absatz 3 Satz 3 für bestehende bauliche Anlagen Stellplätze und Garagen oder Abstellanlagen für

Fahrräder gefordert werden. Der Geldbetrag ist zur Herstellung zusätzlicher öffentlicher Parkeinrichtungen oder zusätzlicher privater Stellplätze und Stellplatzanlagen, zur Modernisierung und Instandhaltung öffentlicher Parkeinrichtungen oder zur Herstellung und Modernisierung baulicher Anlagen sowie anderer Anlagen und Einrichtungen für den öffentlichen Personennahverkehr und für den Fahrradverkehr, die den Bedarf an Parkeinrichtungen verringern, zu verwenden. Der Geldbetrag, den die oder der zur Herstellung von Stellplätzen oder Garagen Verpflichtete zu zahlen hat, darf 80 % der durchschnittlichen Herstellungskosten von Parkeinrichtungen nach Satz 3, der Geldbetrag, den die oder der zur Herstellung von Abstellanlagen für Fahrräder Verpflichtete zu zahlen hat, darf 80 % der durchschnittlichen Herstellungskosten von Abstellanlagen für Fahrräder, jeweils einschließlich der Kosten des Grunderwerbs im Gemeindegebiet oder in bestimmten Teilen des Gemeindegebietes, nicht übersteigen.

(7) Wird in einem Gebäude, dessen Fertigstellung mindestens drei Jahre zurückliegt, eine Wohnung geteilt oder Wohnraum durch Änderung der Nutzung, durch Aufstocken oder durch Änderung des Daches eines solchen Gebäudes geschaffen, braucht der dadurch verursachte Mehrbedarf an Stellplätzen und Garagen und Abstellanlagen für Fahrräder nicht gedeckt zu werden, wenn dies auf dem Grundstück nicht oder nur unter großen Schwierigkeiten möglich ist.

(8) Stellplätze, Garagen, Abstellanlagen für Fahrräder und ihre Nebenanlagen müssen überschaubar und verkehrssicher sein; Stellplätze und Garagen müssen entsprechend dem Gefährlichkeitsgrad der Treibstoffe, der Anzahl und Art der abzustellenden Kraftfahrzeuge dem Brandschutz genügen. Abfließende Treib- und Schmierstoffe müssen unschädlich beseitigt werden können. Garagen und ihre Nebenanlagen müssen zu lüften sein.

(9) Stellplätze und Garagen müssen so angeordnet und ausgeführt werden, dass ihre Benutzung die Gesundheit nicht schädigt und das Arbeiten und Wohnen, die Ruhe und die Erholung in der Umgebung durch Lärm oder Gerüche nicht über das zumutbare Maß hinaus stört. Stellplatzanlagen sollen durch Bepflanzungen mit standortgerechten Bäumen und Sträuchern gestaltet werden; § 8 Abs. 1 ist entsprechend anzuwenden.

(10) Neu errichtete Stellplätze und Garagen sollen von den zugeordneten Gebäuden aus barrierefrei erreichbar sein.

(11) Stellplätze und Garagen müssen von den öffentlichen Verkehrsflächen aus auf möglichst kurzem Wege verkehrssicher zu erreichen sein. Rampen sollen in Vorgärten nicht angelegt werden. Es kann verlangt werden, dass Hinweise auf Stellplätze und Garagen angebracht werden.

(12) Für das Abstellen nicht ortsfester Geräte mit Verbrennungsmotoren gelten die Absätze 8 und 9 sinngemäß.

§ 51
Sonderbauten

(1) An Sonderbauten können im Einzelfall zur Verwirklichung der allgemeinen

Anforderungen nach § 3 Abs. 2 besondere Anforderungen gestellt werden. Erleichterungen können gestattet werden, soweit es der Einhaltung von Vorschriften wegen der besonderen Art oder Nutzung baulicher Anlagen oder Räume oder wegen besonderer Anforderungen nicht bedarf. Die Anforderungen und Erleichterungen nach den Sätzen 1 und 2 können sich insbesondere erstrecken auf

1.

   die Anordnung der baulichen Anlagen auf dem Grundstück,

2.

   die Abstände von Nachbargrenzen, von anderen baulichen Anlagen auf dem Grundstück und von öffentlichen Verkehrsflächen sowie auf die Größe der freizuhaltenden Flächen der Grundstücke,

3.

   die Öffnungen nach öffentlichen Verkehrsflächen und nach angrenzenden Grundstücken,

4.

   die Anlage von Zu- und Abfahrten,

5.

   die Anlage von Grünstreifen, Baumpflanzungen und anderen Pflanzungen sowie die Begrünung oder Beseitigung von Halden und Gruben,

6.

   die Bauart und Anordnung aller für die Stand- und Verkehrssicherheit, den Brand-, Wärme-, Schall- oder Gesundheitsschutz wesentlichen Bauteile und die Verwendung von Baustoffen,

7.

   Brandschutzanlagen und -einrichtungen und sonstige Brandschutzvorkehrungen,

8.

   die Löschwasserrückhaltung,

9.

   die Anordnung und Herstellung von Aufzügen, Treppen, Treppenräumen,

54

Fluren, Ausgängen und sonstigen Rettungswegen,

10.

die Beleuchtung und Energieversorgung,

11.

die Lüftung und Rauchableitung,

12.

die Feuerungsanlagen und Heizräume,

13.

die Wasserversorgung,

14.

die Aufbewahrung und Entsorgung von Abwasser und festen Abfall- und Wertstoffen,

15.

die Stellplätze und Garagen sowie Abstellanlagen für Fahrräder,

16.

die barrierefreie Nutzbarkeit,

17.

die zulässige Zahl der Benutzerinnen oder Benutzer, Anordnung und Zahl der zulässigen Sitz- und Stehplätze bei Versammlungsstätten, Tribünen und Fliegenden Bauten,

18.

die Zahl der Toiletten für Besucherinnen oder Besucher,

19.

Umfang, Inhalt und Zahl besonderer Bauvorlagen, insbesondere eines Brandschutzkonzepts,

20.

weitere zu erbringende Bescheinigungen,

21.

die Bestellung und Qualifikation der Bauleiterin oder des Bauleiters und der Fachbauleiterinnen oder Fachbauleiter,

22.

den Betrieb und die Nutzung einschließlich der Bestellung und der Qualifikation einer oder eines Brandschutzbeauftragten,

23.

Erst-, Wiederholungs- und Nachprüfungen und die Bescheinigungen, die hierüber zu erbringen sind.

(2) Sonderbauten sind Anlagen und Räume besonderer Art oder Nutzung, die einen der nachfolgenden Tatbestände erfüllen:

1.

Hochhäuser (Gebäude mit einer Höhe nach § 2 Abs. 3 Satz 2 von mehr als 22 m),

2.

bauliche Anlagen mit einer Höhe von mehr als 30 m,

3.

Gebäude mit mehr als 1.600 m² Grundfläche des Geschosses mit der größten Ausdehnung, ausgenommen Wohngebäude,

4.

Verkaufsstätten, deren Verkaufsräume und Ladenstraßen eine Grundfläche von insgesamt mehr als 800 m² haben,

5.

Gebäude mit Räumen, die einer Büro- oder Verwaltungsnutzung dienen und einzeln eine Grundfläche von mehr als 400 m² haben,

6.

Gebäude mit Räumen, die einzeln für die Nutzung durch mehr als 100 Personen bestimmt sind,

7.

Versammlungsstätten

a)

mit Versammlungsräumen, die insgesamt mehr als 200 Besucherinnen oder Besucher fassen, wenn diese Versammlungsräume gemeinsame Rettungswege haben,

b)

im Freien mit Szenenflächen und Freisportanlagen, deren Besucherbereich jeweils mehr als 1.000 Besucherinnen oder Besucher fasst und ganz oder teilweise aus baulichen Anlagen besteht,

8.

Schank- und Speisegaststätten mit mehr als 40 Gastplätzen, Beherbergungsstätten mit mehr als zwölf Betten und Vergnügungsstätten mit mehr als 150 m² Grundfläche,

9.

Krankenhäuser, Heime und sonstige Einrichtungen zur Unterbringung oder Pflege von Personen,

10.

Tageseinrichtungen für Kinder, Menschen mit Behinderungen und alte Menschen,

11.

Schulen, Hochschulen und ähnliche Einrichtungen,

12.

Justizvollzugsanstalten und bauliche Anlagen für den Maßregelvollzug,

13.

Freizeit- und Vergnügungsparks,

14.

Garagen mit mehr als 1.000 m² Nutzfläche,

15.

Fliegende Bauten, soweit sie einer Ausführungsgenehmigung bedürfen,

16.

Regallager mit einer Oberkante Lagerguthöhe von mehr als 7,50 m,

17.

bauliche Anlagen, deren Nutzung durch Umgang oder Lagerung von Stoffen mit Explosions- oder erhöhter Brand- oder Gesundheitsgefahr verbunden ist,

18.

Anlagen und Räume, die in den Nummern 1 bis 16 nicht aufgeführt und deren Art oder Nutzung mit vergleichbaren Gefahren verbunden sind.

(3) Die Bauaufsichtsbehörden können auch Anforderungen an die Beschaffenheit von Maschinen und anderen beweglichen Teilen, die in Verbindung mit baulichen Anlagen aufgestellt werden, stellen. Dies gilt auch für die Nachweise, dass die Anforderungen erfüllt sind, und für die heranzuziehenden sachverständigen Personen sowie sachverständigen Stellen.

§ 52
Barrierefreies Bauen

(1) In Gebäuden mit mehr als zwei Wohnungen müssen die Wohnungen eines Geschosses barrierefrei erreichbar sein. In diesen Wohnungen müssen die Wohn- und Schlafräume, eine Toilette, ein Bad sowie die Küche oder die Kochnische mit dem Rollstuhl zugänglich sein. § 40 Abs. 4 bleibt unberührt.

(2) Bauliche Anlagen, die öffentlich zugänglich sind, müssen in den dem allgemeinen Besucherverkehr dienenden Teilen von Menschen mit Behinderungen, alten Menschen und Personen mit Kleinkindern barrierefrei erreicht und ohne fremde Hilfe zweckentsprechend genutzt werden können. Diese Anforderungen gelten insbesondere für

1.

Einrichtungen der Kultur und des Bildungswesens,

2.

Sport- und Freizeitstätten,

3.

Einrichtungen des Gesundheitswesens,

4.

Büro-, Verwaltungs- und Gerichtsgebäude,

5.

Verkaufs- und Gaststätten,

6.

Stellplätze, Garagen und Toilettenanlagen.

(3) Für

1.

Wohnheime, Tagesstätten, Werkstätten und Heime für Menschen mit Behinderungen,

2.

Altenheime, Altenwohnheime, Altenpflegeheime und Altenbegegnungsstätten,

3.

Kindertagesstätten und Kinderheime

gilt Absatz 2 für die gesamte Anlage und die gesamten Einrichtungen.

(4) Bauliche Anlagen nach den Absätzen 2 und 3 müssen durch einen Eingang mit einer lichten Durchgangsbreite von mindestens 0,90 m stufenlos erreichbar sein. Vor Türen muss eine ausreichende Bewegungsfläche vorhanden sein. Rampen dürfen nicht mehr als 6 % geneigt sein; sie müssen mindestens 1,20 m breit sein und beidseitig einen festen und griffsicheren Handlauf haben. Am Anfang und am Ende jeder Rampe ist ein Podest, alle 6 m ein Zwischenpodest anzuordnen. Die Podeste müssen eine Länge von mindestens 1,50 m haben. Treppen müssen an beiden Seiten Handläufe erhalten, die über Treppenabsätze und Fensteröffnungen sowie über die letzten Stufen zu führen sind. Die Treppen müssen Setzstufen haben. Flure müssen mindestens 1,50 m breit sein. Ein Toilettenraum muss auch für Benutzerinnen und Benutzer von Rollstühlen geeignet und erreichbar sein; er ist zu kennzeichnen. § 40 Abs. 4 gilt auch für Gebäude mit einer geringeren Höhe als nach § 40 Abs. 4 Satz 1, soweit Geschosse mit Rollstühlen stufenlos erreichbar sein müssen.

(5) Abweichungen von den Absätzen 1 und 4 können gestattet werden, soweit wegen schwieriger Geländeverhältnisse, ungünstiger vorhandener Bebauung oder der Sicherheit behinderter oder alter Menschen die Anforderungen nur mit einem unverhältnismäßigen Mehraufwand erfüllt werden können.

Vierter Teil

Die am Bau Beteiligten

§ 53
Grundpflichten

Bei der Planung, Errichtung, Änderung, Nutzungsänderung, Instandhaltung und Beseitigung von Anlagen sind die Bauherrin oder der Bauherr und im Rahmen ihres Wirkungskreises die anderen am Bau Beteiligten dafür verantwortlich, dass die öffentlich-rechtlichen Vorschriften eingehalten werden.

§ 54
Bauherrin oder Bauherr

(1) Die Bauherrin oder der Bauherr hat zur Vorbereitung, Überwachung und Ausführung eines nicht verfahrensfreien Bauvorhabens sowie der Beseitigung von Anlagen geeignete Beteiligte nach Maßgabe der §§ 55 bis 57 zu bestellen, soweit sie oder er nicht selbst zur Erfüllung der Verpflichtungen nach diesen Vorschriften geeignet ist. Der Bauherrin oder dem Bauherrn obliegen außerdem die nach den öffentlich-rechtlichen Vorschriften erforderlichen Anträge, Anzeigen und Nachweise. Sie oder er hat vor Baubeginn den Namen und die Anschrift der Bauleiterin oder des Bauleiters und während der Bauausführung einen Wechsel dieser Person unverzüglich der Bauaufsichtsbehörde schriftlich mitzuteilen. Die Mitteilung ist von der Bauleiterin oder dem Bauleiter und bei einem Wechsel von der neuen Bauleiterin oder dem neuen Bauleiter mit zu unterschreiben. Wechselt die Bauherrin oder der Bauherr, hat die neue Bauherrin oder der neue Bauherr dies der Bauaufsichtsbehörde unverzüglich schriftlich mitzuteilen. Die Bauherrin oder der Bauherr hat der Entwurfsverfasserin oder dem Entwurfsverfasser sowie den Personen, die nach § 70 Abs. 2 Satz 1 die bautechnischen Nachweise aufgestellt haben, den Baubeginn anzuzeigen und die Bauüberwachung zu veranlassen.

(2) Treten bei einem Bauvorhaben mehrere Personen als Bauherrin oder Bauherr auf, so kann die Bauaufsichtsbehörde verlangen, dass ihr gegenüber eine Vertreterin oder ein Vertreter bestellt wird, die oder der die der Bauherrin oder dem Bauherrn nach den öffentlich-rechtlichen Vorschriften obliegenden Verpflichtungen zu erfüllen hat. Im Übrigen findet § 80 b Abs. 1 Satz 2 und 3 und Abs. 2 des Landesverwaltungsgesetzes entsprechende Anwendung.

§ 55
Entwurfsverfasserin oder Entwurfsverfasser

(1) Die Entwurfsverfasserin oder der Entwurfsverfasser muss nach Sachkunde und Erfahrung zur Vorbereitung des jeweiligen Bauvorhabens geeignet sein. Sie oder er ist für die Vollständigkeit und Brauchbarkeit ihres oder seines Entwurfs verantwortlich. Die Entwurfsverfasserin oder der Entwurfsverfasser hat dafür zu sorgen, dass die für die Ausführung notwendigen Einzelzeichnungen, Einzelberechnungen und Anweisungen geliefert werden und den genehmigten oder den durch die Genehmigungsfreistellung nach § 68 erfassten Bauvorlagen und den öffentlich-rechtlichen Vorschriften entsprechen.

(2) Hat die Entwurfsverfasserin oder der Entwurfsverfasser auf einzelnen

Fachgebieten nicht die erforderliche Sachkunde und Erfahrung, so sind geeignete Fachplanerinnen oder Fachplaner heranzuziehen. Diese sind für die von ihnen gefertigten Unterlagen, die sie zu unterzeichnen haben, verantwortlich. Für das ordnungsgemäße Ineinandergreifen aller Fachplanungen bleibt die Entwurfsverfasserin oder der Entwurfsverfasser verantwortlich.

§ 56
Unternehmerin oder Unternehmer

(1) Jede Unternehmerin oder jeder Unternehmer ist für die mit den genehmigten oder den durch die Genehmigungsfreistellung nach § 68 erfassten Bauvorlagen und den öffentlich-rechtlichen Anforderungen übereinstimmende Ausführung der von ihr oder ihm übernommenen Arbeiten und insoweit für die ordnungsgemäße Einrichtung und den sicheren Betrieb der Baustelle verantwortlich. Sie oder er hat die erforderlichen Nachweise über die Verwendbarkeit der verwendeten Bauprodukte und Bauarten zu erbringen und auf der Baustelle bereitzuhalten.

(2) Jede Unternehmerin oder jeder Unternehmer hat auf Verlangen der Bauaufsichtsbehörde für Arbeiten, bei denen die Sicherheit der Anlage in außergewöhnlichem Maße von der besonderen Sachkenntnis und Erfahrung der Unternehmerin oder des Unternehmers oder von einer Ausstattung des Unternehmens mit besonderen Vorrichtungen abhängt, nachzuweisen, dass sie oder er für diese Arbeiten geeignet ist und über die erforderlichen Vorrichtungen verfügt.

§ 57
Bauleiterin oder Bauleiter

(1) Die Bauleiterin oder der Bauleiter hat darüber zu wachen, dass die Baumaßnahme entsprechend den genehmigten oder den durch die Genehmigungsfreistellung nach § 68 erfassten Bauvorlagen und den öffentlich-rechtlichen Anforderungen durchgeführt wird, und die dafür erforderlichen Weisungen zu erteilen. Sie oder er hat im Rahmen dieser Aufgabe auf den sicheren bautechnischen Betrieb der Baustelle, insbesondere auf das gefahrlose Ineinandergreifen der Arbeiten der Unternehmerinnen oder Unternehmer, zu achten. Die Verantwortlichkeit der Unternehmerinnen oder Unternehmer bleibt unberührt.

(2) Die Bauleiterin oder der Bauleiter muss über die für ihre oder seine Aufgabe erforderliche Sachkunde und Erfahrung verfügen. Verfügt sie oder er auf einzelnen Teilgebieten nicht über die erforderliche Sachkunde, so sind geeignete Fachbauleiterinnen oder Fachbauleiter heranzuziehen. Diese treten insoweit an die Stelle der Bauleiterin oder des Bauleiters. Die Bauleiterin oder der Bauleiter hat die Tätigkeit der Fachbauleiterinnen oder Fachbauleiter und ihre oder seine Tätigkeit aufeinander abzustimmen.

Fünfter Teil
Bauaufsichtsbehörden, Verwaltungsverfahren

§ 58
Bauaufsichtsbehörden, Fachaufsicht

(1) Bauaufsichtsbehörden sind

1.

  das Innenministerium als oberste Bauaufsichtsbehörde und

2.

  die Landrätinnen oder Landräte und Bürgermeisterinnen oder
  Bürgermeister der kreisfreien Städte als untere Bauaufsichtsbehörden.

(2) Die oberste Bauaufsichtsbehörde kann durch Verordnung die Aufgaben der
unteren Bauaufsichtsbehörde und in besonderen Fällen, wenn einzelne
Aufgaben sonst nur erschwert erfüllt werden können, auch einzelne Aufgaben
der unteren Bauaufsichtsbehörde auf amtsfreie Gemeinden und Ämter
übertragen. In diesen Fällen wird die Bürgermeisterin oder der Bürgermeister
oder die Amtsdirektorin oder der Amtsdirektor, in ehrenamtlich verwalteten
Ämtern die Amtsvorsteherin oder der Amtsvorsteher, untere
Bauaufsichtsbehörde.

(3) Die Aufgaben der Bauaufsichtsbehörden werden, soweit durch Gesetz
nichts anderes bestimmt ist, nach Weisung erfüllt.

(4) Fachaufsichtsbehörden sind

1.

  über die unteren Bauaufsichtsbehörden nach Absatz 1 Nr. 2 und über die
  Bürgermeisterinnen oder Bürgermeister der amtsfreien Gemeinden sowie
  über die Amtsdirektorinnen oder die Amtsdirektoren, in ehrenamtlich
  verwalteten Ämtern die Amtsvorsteherinnen oder Amtsvorsteher, der
  Ämter, denen alle Aufgaben der unteren Bauaufsichtsbehörde übertragen
  wurden, die oberste Bauaufsichtsbehörde und

2.

  über die Bürgermeisterinnen oder Bürgermeister der übrigen Gemeinden
  sowie über die Amtsdirektorinnen oder die Amtsdirektoren, in
  ehrenamtlich verwalteten Ämtern die Amtsvorsteherinnen oder
  Amtsvorsteher, der übrigen Ämter die Landrätinnen oder die Landräte.

§ 59
Aufgaben und Befugnisse der Bauaufsichtsbehörden

(1) Die Bauaufsichtsbehörden haben bei der Errichtung, Änderung,
Nutzungsänderung und Beseitigung sowie bei der Nutzung und Instandhaltung
von Anlagen nach pflichtgemäßem Ermessen darüber zu wachen, dass die
öffentlich-rechtlichen Vorschriften und die aufgrund dieser Vorschriften

erlassenen Anordnungen eingehalten werden. Sie haben die nach pflichtgemäßem Ermessen erforderlichen Maßnahmen zu treffen.

(2) Die Bauaufsichtsbehörden können nach Absatz 1 Satz 2 insbesondere

1.

die Einstellung der Arbeiten anordnen, wenn Anlagen im Widerspruch zu öffentlich-rechtlichen Vorschriften errichtet, geändert oder beseitigt werden; dies gilt auch dann, wenn

a)

die Ausführung eines Vorhabens entgegen den Vorschriften des § 73 Abs. 5 und 7 begonnen wurde, oder

b)

bei der Ausführung

aa)

eines genehmigungsbedürftigen Bauvorhabens von den genehmigten Bauvorlagen,

bb)

eines genehmigungsfreigestellten Bauvorhabens von den eingereichten Unterlagen

abgewichen wird,

c)

Bauprodukte verwendet werden, die entgegen § 18 Abs. 1 kein CE-Kennzeichnung oder Ü-Zeichen tragen,

d)

Bauprodukte verwendet werden, die unberechtigt mit der CE-Kennzeichnung (§ 18 Abs. 1 Satz 1 Nr. 2) oder dem Ü-Zeichen (§ 23 Abs. 4) gekennzeichnet sind,

2.

die Verwendung von Bauprodukten, die entgegen § 23 mit dem Ü-Zeichen gekennzeichnet sind, untersagen und deren Kennzeichnung entwerten oder beseitigen lassen,

63

3.

die teilweise oder vollständige Beseitigung von Anlagen anordnen, die im Widerspruch zu öffentlich-rechtlichen Vorschriften errichtet oder geändert werden, wenn nicht auf andere Weise rechtmäßige Zustände hergestellt werden können, oder wenn aufgrund des Zustandes einer Anlage auf Dauer eine Nutzung nicht mehr zu erwarten ist, insbesondere bei Ruinen,

4.

die Nutzung von Anlagen, die im Widerspruch zu öffentlich-rechtlichen Vorschriften genutzt werden, untersagen.

Bei einem Verstoß gegen § 7 Abs. 1 gilt Satz 1 Nr. 3 und 4 sinngemäß.

(3) Werden unzulässige Arbeiten nach Absatz 2 Nr. 1 trotz einer schriftlich oder mündlich verfügten Einstellung fortgesetzt, kann die Bauaufsichtsbehörde die Baustelle versiegeln oder die an der Baustelle vorhandenen Bauprodukte, Geräte, Maschinen und Bauhilfsmittel in amtlichen Gewahrsam bringen.

(4) Bauaufsichtliche Genehmigungen und sonstige Maßnahmen gelten auch für und gegen Rechtsnachfolgerinnen oder Rechtsnachfolger.

(5) Die Bauaufsichtsbehörden können zur Erfüllung ihrer Aufgaben nach Anhörung und auf Kosten der Bauherrin oder des Bauherrn Sachverständige und sachverständige Stellen heranziehen. Eine Anhörung entfällt, wenn es sich um die Heranziehung eines Prüfamtes für Standsicherheit, einer Prüfingenieurin oder eines Prüfingenieurs für Standsicherheit oder einer oder eines Prüfsachverständigen für Brandschutz handelt. Die unteren Bauaufsichtsbehörden sind verpflichtet, sich bei bestimmten Prüfaufgaben, wie beispielsweise bei Teilen der bautechnischen Prüfung von Bauvorlagen nach § 64 Abs. 2, Sachverständiger zu bedienen. Als Sachverständige gelten auch die Prüfämter für Standsicherheit.

(6) Auf die Anerkennung als Sachverständige oder Sachverständiger besteht kein Anspruch. Dies gilt nicht für die Einrichtung von Prüfämtern für Standsicherheit.

(7) Die mit dem Vollzug dieses Gesetzes beauftragten Personen sind berechtigt, in Ausübung ihres Amtes Grundstücke und Anlagen einschließlich der Wohnungen zu betreten. Das Grundrecht der Unverletzlichkeit der Wohnung nach Artikel 13 des Grundgesetzes wird insoweit eingeschränkt.

§ 60
Bestehende Anlagen

(1) Werden in diesem Gesetz oder in Vorschriften aufgrund dieses Gesetzes andere Anforderungen als nach dem bisherigen Recht gestellt, so kann verlangt werden, dass bestehende oder nach genehmigten Bauvorlagen bereits begonnene Anlagen dem geltenden Baurecht angepasst werden, wenn dies zur Erhaltung der öffentlichen Sicherheit erforderlich ist.

(2) Sollen Anlagen wesentlich geändert werden, so kann gefordert werden, dass auch die nicht unmittelbar berührten Teile der baulichen Anlage mit diesem Gesetz oder den aufgrund dieses Gesetzes erlassenen Vorschriften in Einklang gebracht werden, wenn

1.

die Bauteile, die diesen Vorschriften nicht mehr entsprechen, mit den beabsichtigten Arbeiten in einem konstruktiven Zusammenhang stehen und

2.

die Durchführung dieser Vorschriften bei den von den Arbeiten nicht berührten Teilen der Anlage keine unzumutbaren Mehrkosten verursacht.

§ 61
Sachliche und örtliche Zuständigkeit

(1) Für den Vollzug dieses Gesetzes sowie anderer öffentlich-rechtlicher Vorschriften für die Errichtung, Änderung, Nutzung, Instandhaltung oder die Beseitigung von Anlagen ist die untere Bauaufsichtsbehörde zuständig, soweit nichts anderes bestimmt ist. Die örtlichen Ordnungsbehörden haben die untere Bauaufsichtsbehörde von allen Vorgängen zu unterrichten, die deren Eingreifen erfordern können.

(2) Örtlich zuständig sind die Bauaufsichtsbehörden oder die Ordnungsbehörden, in deren Bezirk die Anlage durchgeführt wird, soweit in diesem Gesetz nichts anderes bestimmt ist.

(3) Sind für zusammenhängende Anlagen mehrere Bauaufsichtsbehörden zuständig oder ist die örtliche Zuständigkeit aus anderen Gründen zweifelhaft, so bestimmt die oberste Bauaufsichtsbehörde die zuständige Bauaufsichtsbehörde. Sie bestimmt die zuständige Bauaufsichtsbehörde auch, wenn eine Zuständigkeit nach Absatz 2 nicht gegeben ist; in diesem Fall bestimmt sie auch die zu beteiligende Gemeinde.

§ 62
Genehmigungsbedürftige Vorhaben

(1) Die Errichtung, Änderung, Nutzungsänderung und die Beseitigung von Anlagen, an die in diesem Gesetz oder in Vorschriften aufgrund dieses Gesetzes Anforderungen gestellt sind, bedürfen der Baugenehmigung, soweit in den §§ 63, 68, 76 und 77 nichts anderes bestimmt ist.

(2) Die Erlaubnis nach den aufgrund des § 14 des Gesetzes über technische Arbeitsmittel und Verbraucherprodukte vom 6. Januar 2004 (BGBl. I S. 2), zuletzt geändert durch Artikel 3 Abs. 33 des Gesetzes vom 7. Juli 2005 (BGBl. I S. 1970), erlassenen Vorschriften, die Genehmigung nach § 7 des Atomgesetzes in der Fassung der Bekanntmachung vom 15. Juli 1985 (BGBl. I S. 1565), zuletzt geändert durch Verordnung vom 31. Oktober 2006 (BGBl. I

S. 2407), sowie die Genehmigung nach § 13 Abs. 3 des Landesnaturschutzgesetzes vom 6. März 2007 (GVOBl. Schl.-H. S. 136), zuletzt geändert durch Artikel 11 des Haushaltsstrukturgesetzes 2009/2010 vom 12. Dezember 2008 (GVOBl. Schl.-H. S. 791), schließen eine Genehmigung nach Absatz 1 sowie eine Zustimmung nach § 77 ein. Für Zelt- und Campingplätze ersetzt die Genehmigung nach Absatz 1 die Genehmigung nach § 11 Abs. 1 des Landesnaturschutzgesetzes. Die für die Genehmigung oder Erlaubnis zuständige Behörde entscheidet im Benehmen mit der zuständigen Bauaufsichtsbehörde, bei Anlagen nach § 7 des Atomgesetzes im Benehmen mit der obersten Bauaufsichtsbehörde. Die Bauüberwachung nach § 78 obliegt der Bauaufsichtsbehörde, bei Anlagen nach § 7 des Atomgesetzes der obersten Bauaufsichtsbehörde.

§ 63
Verfahrensfreie Bauvorhaben, Beseitigung von Anlagen

(1) Verfahrensfrei sind

1.

    folgende Gebäude:

    a)

        Gebäude ohne Aufenthaltsräume, ohne Toiletten und ohne Feuerstätten mit Ausnahme von Garagen, Verkaufs- und Ausstellungsständen bis zu 30 m³ - im Außenbereich bis zu 10 m³ - umbauten Raumes,

    b)

        notwendige Garagen nach § 6 Abs. 7 Satz 1 sowie notwendige Garagen in den Abmessungen des § 6 Abs. 7 Satz 2, auch jeweils einschließlich nach § 6 Abs. 7 Satz 1 Nr. 3 genutzter Räume bis zu 20 m² Grundfläche,

    c)

        landwirtschaftlich, forstwirtschaftlich oder erwerbsgärtnerisch genutzte Gebäude ohne Aufenthaltsräume, ohne Toiletten und ohne Feuerstätten bis zu 4 m Firsthöhe, wenn sie nur zur Unterbringung von Ernteerzeugnissen, Geräten oder zum vorübergehenden Schutz von Tieren bestimmt sind,

    d)

        Gewächshäuser bis zu 4 m Firsthöhe,

    e)

Fahrgastunterstände, die dem öffentlichen Personenverkehr oder der Schülerbeförderung dienen,

f)

Schutzhütten für Wanderer, die jedermann zugänglich sind und keine Aufenthaltsräume haben,

g)

ebenerdige Terrassenüberdachungen mit einer Fläche bis zu 30 m² und einer Tiefe bis zu 3 m,

h)

Gartenlauben in Kleingartenanlagen im Sinne des § 1 Abs. 1 des Bundeskleingartengesetzes vom 28. Februar 1983 (BGBl. I S. 210), zuletzt geändert durch Artikel 11 des Gesetzes vom 19. September 2006 (BGBl. I S. 2146),

i)

untergeordnete bauliche Anlagen zur Aufnahme sanitärer Anlagen auf Standplätzen von Camping- und Wochenendplätzen bis zu 15 m³ umbauten Raumes, wenn hierfür entsprechende Festsetzungen in einem Bebauungsplan getroffen worden sind;

2.

Anlagen der technischen Gebäudeausrüstung:

a)

Abgasanlagen in und an Gebäuden sowie freistehende Abgasanlagen mit einer Höhe bis zu 10 m; § 68 Abs. 10 Satz 1 und § 79 Abs. 3 Satz 2 erster Halbsatz gelten entsprechend,

b)

Aufzüge,

c)

Solarenergieanlagen und Sonnenkollektoren in und an Dach- und Außenwandflächen sowie gebäudeunabhängig mit einer Höhe bis zu 2,75 m und einer Gesamtlänge bis zu 9 m, soweit sie nicht an Kulturdenkmalen oder im Umgebungsschutzbereich von Kulturdenkmalen angebracht oder aufgestellt werden,

d)

sonstige Anlagen der technischen Gebäudeausrüstung, die nicht durch hochfeuerhemmende oder feuerbeständige Decken oder Wände geführt werden;

3.

folgende Anlagen der Ver- und Entsorgung:

a)

Brunnen,

b)

Anlagen, die der Telekommunikation, der öffentlichen Versorgung mit Elektrizität, Gas, Öl, Wärme und Wasser oder der öffentlichen Abwasserbeseitigung dienen; ausgenommen sind oberirdische Anlagen und Gebäude mit mehr als 100 m³ umbauten Raumes oder Behälterinhalts,

c)

Blockheizkraftwerke, Brennstoffzellen und Wärmepumpen; § 79 Abs. 3 Satz 2 zweiter Halbsatz gilt entsprechend,

d)

Flüssiggastankstellen mit einem Flüssiggaslagerbehälter mit weniger als drei Tonnen Fassungsvermögen für die Eigenversorgung von Fahrzeugen,

e)

Tankstellen mit einem Dieselkraftstoff-Lagerbehälter bis zu 1 m³ Inhalt für die Eigenversorgung von Fahrzeugen mit Dieselkraftstoff;

4.

folgende Masten, Antennen und ähnliche Anlagen:

a)

unbeschadet der Nummer 3 Buchst. b Antennen einschließlich der Masten mit einer Höhe bis zu 10 m und Parabolantennenanlagen bis zu einer Größe der Reflektorschalen von 1,20 m Durchmesser, jeweils mit zugehörigen Versorgungseinheiten mit einem Brutto-Rauminhalt bis zu 10 m³ sowie, soweit sie in, auf oder an einer bestehenden baulichen Anlage errichtet werden, die damit verbundene Änderung der Nutzung oder der äußeren Gestalt der Anlage,

b)

Masten und Unterstützungen für Fernsprechleitungen, für Leitungen zur Versorgung mit Elektrizität, für Seilbahnen und für Leitungen sonstiger Verkehrsmittel, für Sirenen und für Fahnen,

c)

Masten, die aus Gründen des Brauchtums errichtet werden,

d)

Flutlichtmasten mit einer Höhe bis zu 10 m auf Sportanlagen;

5.

folgende Behälter:

a)

ortsfeste Behälter für Flüssiggas mit einem Fassungsvermögen von weniger als drei Tonnen, für nicht verflüssigte Gase mit einem Brutto-Rauminhalt bis zu 6 m3,

b)

ortsfeste Behälter für brennbare oder wassergefährdende Flüssigkeiten mit einem Brutto-Rauminhalt bis zu 10 m³ einschließlich Rohrleitungen, Auffangräumen und Auffangvorrichtungen sowie der zugehörigen Betriebs- und Sicherungseinrichtungen sowie Schutzvorkehrungen,

c)

ortsfeste Behälter sonstiger Art mit einem Brutto-Rauminhalt bis zu 50 m³ und einer Höhe bis zu 6 m,

d)

Gärfutterbehälter mit einer Höhe bis zu 6 m und Schnitzelgruben,

e)

Fahrsilos, landwirtschaftliche Silos, Kompostanlagen,

f)

Wasserbecken mit einem Beckeninhalt bis zu 100 m3;

6.

folgende Wände, Einfriedungen und Sichtschutzwände:

a)

Stützwände mit einer Höhe bis zu 2 m sowie dazugehörige Umwehrungen bis zu 1,10 m Höhe,

b)

Wände und Einfriedungen bis zu 1,50 m Höhe,

c)

offene, sockellose Einfriedungen für Grundstücke, die einem land- oder forstwirtschaftlichen Betrieb dienen,

d)

Sichtschutzwände bis zu 2 m Höhe und bis zu 5 m Länge;

7.

private Verkehrsanlagen einschließlich Brücken und Durchlässen mit einer lichten Weite bis zu 5 m und Untertunnelungen mit einem Durchmesser bis zu 3 m;

8.

selbständige Aufschüttungen oder Abgrabungen, die nicht größer als 1.000 m² sind und deren zu verbringende Menge nicht mehr als 30 m³ beträgt;

9.

folgende Anlagen in Gärten und zur Freizeitgestaltung:

a)

Schwimmbecken mit einem Beckeninhalt bis zu 100 m3, im Außenbereich nur als Nebenanlage eines höchstens 50 m entfernten Gebäudes mit Aufenthaltsräumen,

b)

luftgetragene Schwimmbeckenüberdachungen bis zu 100 m² Grundfläche, außer im Außenbereich,

c)

Sprungschanzen, Sprungtürme und Rutschbahnen mit einer Höhe bis zu 10 m,

d)

Stege,

e)

Anlagen, die der zweckentsprechenden Einrichtung von Spiel-, Abenteuerspiel-, Bolz- und Sportplätzen, Reit- und Wanderwegen, Trimm- und Lehrpfaden dienen, ausgenommen Gebäude und Tribünen,

f)

Anlagen, die der Gartennutzung, der Gartengestaltung oder der zweckentsprechenden Einrichtung von Gärten dienen, ausgenommen Gebäude und Einfriedungen,

g)

Wohnwagen, Zelte und bauliche Anlagen, die keine Gebäude sind, auf Zelt- und Campingplätzen;

10.

folgende tragende und nichttragende Bauteile:

a)

nichttragende und nichtaussteifende Bauteile in baulichen Anlagen,

b)

Fenster und Türen sowie die dafür bestimmten Öffnungen,

c)

Außenwandverkleidungen und Verblendungen, ausgenommen bei oberirdischen Gebäuden der Gebäudeklassen 4 und 5 sowie

Hochhäusern, und Verputz baulicher Anlagen;

11.

folgende Werbeanlagen, soweit sie nicht an Kulturdenkmalen oder im Umgebungsschutzbereich von Kulturdenkmalen angebracht oder aufgestellt werden:

a)

Werbeanlagen mit einer Ansichtsfläche bis zu 1 m²,

b)

Warenautomaten,

c)

Werbeanlagen, die nach ihrem erkennbaren Zweck nur vorübergehend für höchstens zwei Monate angebracht werden, außer im Außenbereich,

d)

Werbeanlagen, die an der Stätte der Leistung vorübergehend angebracht oder aufgestellt werden, soweit sie nicht mit dem Boden oder einer baulichen Anlage verbunden sind,

e)

Schilder, die Inhaberinnen oder Inhaber und Art gewerblicher Betriebe kennzeichnen (Hinweisschilder), wenn sie vor Ortsdurchfahrten auf einer einzigen Tafel zusammengefasst sind,

f)

Werbeanlagen in durch Bebauungsplan festgesetzten Gewerbe-, Industrie- und vergleichbaren Sondergebieten an der Stätte der Leistung mit einer Höhe bis zu 10 m über der festgelegten Geländeoberfläche;

12.

folgende vorübergehend aufgestellte oder benutzbare Anlagen:

a)

Baustelleneinrichtungen einschließlich der Lagerhallen, Schutzhallen und Unterkünfte,

b)

Gerüste,

c)

Toilettenwagen,

d)

Behelfsbauten, die der Landesverteidigung, dem Katastrophenschutz oder der Unfallhilfe dienen,

e)

bauliche Anlagen, die für höchstens drei Monate auf genehmigtem Messe- oder Ausstellungsgelände errichtet werden, ausgenommen Fliegende Bauten,

f)

Verkaufsstände und andere bauliche Anlagen auf Straßenfesten, Volksfesten und Märkten, ausgenommen Fliegende Bauten;

13.

folgende Plätze:

a)

unbefestigte Lager- und Abstellplätze, die einem land- oder forstwirtschaftlichen Betrieb dienen,

b)

notwendige Stellplätze mit einer Nutzfläche bis zu 50 m² je Grundstück sowie deren Zufahrten und Fahrgassen,

c)

Ausstellungsplätze, Abstellplätze und Lagerplätze bis zu 300 m² Fläche, außer in Wohngebieten und im Außenbereich,

d)

Kleinkinderspielplätze im Sinne des § 8 Abs. 2 Satz 1;

14.

folgende sonstige Anlagen:

a)

Fahrradabstellanlagen,

b)

Zapfsäulen und Tankautomaten genehmigter Tankstellen,

c)

Regale mit einer Höhe bis zu 7,50 m Oberkante Lagergut,

d)

Grabdenkmale auf Friedhöfen, Feldkreuze, Denkmäler und Skulpturen jeweils mit einer Höhe bis zu 4 m,

e)

die Herstellung oder Änderung künstlicher Hohlräume unter der Erdoberfläche bis zu 100 m³ Rauminhalts,

f)

untergeordnete bauliche Anlagen bis zu 30 m³ - im Außenbereich bis zu 10 m³ - umbauten Raumes,

g)

andere unbedeutende Anlagen oder unbedeutende Teile von Anlagen wie Hauseingangsüberdachungen, Markisen, Rollläden, Terrassen, Maschinenfundamente, Straßenfahrzeugwaagen, Pergolen, Jägerstände, Wildfütterungen, Bienenfreistände, Taubenhäuser, Hofeinfahrten und Teppichstangen.

(2) Verfahrensfrei ist die Änderung der Nutzung von Anlagen, wenn

1.

für die neue Nutzung keine anderen öffentlich-rechtlichen Anforderungen als für die bisherige Nutzung in Betracht kommen oder

2.

die Errichtung oder Änderung der Anlagen nach Absatz 1 verfahrensfrei

74

wäre.

(3) Verfahrensfrei ist die Beseitigung von

1.

Anlagen nach Absatz 1,

2.

freistehenden Gebäuden der Gebäudeklassen 1 und 3,

3.

sonstigen Anlagen, die keine Gebäude sind, mit einer Höhe bis zu 10 m,

soweit es sich nicht um Kulturdenkmale handelt. Im Übrigen ist die beabsichtigte Beseitigung von Anlagen mindestens einen Monat zuvor der Bauaufsichtsbehörde anzuzeigen. Bei Gebäuden der Gebäudeklasse 2 muss die Standsicherheit von Gebäuden, an die das zu beseitigende Gebäude angebaut ist, von einer Person aus der Liste nach § 15 Abs. 1 Satz 1 Nr. 5 des Architekten- und Ingenieurkammergesetzes bestätigt sein. Bei sonstigen nicht freistehenden Gebäuden muss die Standsicherheit von Gebäuden, an die das zu beseitigende Gebäude angebaut ist, bauaufsichtlich geprüft sein; Halbsatz 1 gilt entsprechend, wenn die Beseitigung eines Gebäudes sich auf andere Weise auf die Standsicherheit anderer Gebäude auswirken kann. Die Sätze 3 und 4 gelten nicht, soweit an verfahrensfreie Gebäude angebaut ist. § 73 Abs. 5 Satz 1 Nr. 3 und Abs. 7 gilt sinngemäß.

(4) Verfahrensfrei sind Instandhaltungsarbeiten.

§ 64
Bauantrag, Bauvorlagen

(1) Über den Bauantrag entscheidet die untere Bauaufsichtsbehörde. Der Bauantrag ist schriftlich bei der Gemeinde einzureichen. Diese hat ihn unverzüglich, spätestens jedoch innerhalb einer Woche nach Eingang, an die untere Bauaufsichtsbehörde weiterzuleiten.

(2) Mit dem Bauantrag sind alle für die Beurteilung des Bauvorhabens und die Bearbeitung des Bauantrages erforderlichen Unterlagen (Bauvorlagen) einzureichen. Es kann gestattet werden, dass einzelne Bauvorlagen nachgereicht werden. Mit dem Bauantrag gelten alle nach anderen öffentlich-rechtlichen Vorschriften für die Errichtung, Änderung, Nutzung oder die Beseitigung von Anlagen oder Werbeanlagen erforderlichen Anträge auf Genehmigung, Zustimmung, Bewilligung und Erlaubnis als gestellt, soweit durch Rechtsvorschriften nichts anderes bestimmt ist. § 71 Abs. 1 bleibt unberührt.

(3) In besonderen Fällen kann zur Beurteilung der Einwirkung der Anlage auf die Umgebung verlangt werden, dass die Anlage in geeigneter Weise auf dem

Grundstück dargestellt wird.

(4) Die Bauherrin oder der Bauherr und die Entwurfsverfasserin oder der Entwurfsverfasser haben den Bauantrag, die Entwurfsverfasserin oder der Entwurfsverfasser auch die Bauvorlagen zu unterschreiben. Die von Fachplanerinnen oder Fachplanern nach § 55 Abs. 2 bearbeiteten Bauvorlagen müssen von diesen unterschrieben sein. Die Bauaufsichtsbehörde kann von der Bauherrin oder dem Bauherrn, die oder der nicht Grundstückseigentümerin oder Grundstückseigentümer ist, die Vorlage einer Zustimmungserklärung der Grundstückseigentümerin oder des Grundstückseigentümers zu dem Bauvorhaben fordern.

§ 65
Bauvorlageberechtigung

(1) Bauvorlagen für die nicht verfahrensfreie Errichtung und Änderung von Gebäuden müssen von einer Entwurfsverfasserin oder einem Entwurfsverfasser, welche oder welcher bauvorlageberechtigt ist, unterschrieben werden (§ 64 Abs. 4 Satz 1). § 55 Abs. 1 bleibt unberührt.

(2) Die Beschränkungen des Absatzes 1 gelten nicht

1.

   für Bauvorlagen, die üblicherweise von Fachkräften mit anderer Ausbildung als nach Absatz 3 bis 5 verfasst werden, und

2.

   bei geringfügigen oder technisch einfachen Bauvorhaben.

(3) Bauvorlageberechtigt ist, wer aufgrund

1.

   des Architekten- und Ingenieurkammergesetzes die Berufsbezeichnung „Architektin" oder „Architekt" zu führen berechtigt ist,

2.

   des § 9 Abs. 1 des Architekten- und Ingenieurkammergesetzes in die Liste der bauvorlageberechtigten Ingenieurinnen oder Ingenieure eingetragen ist oder bei deren oder dessen Tätigkeit als auswärtige Ingenieurin oder Ingenieur die Voraussetzungen des § 9 a des Architekten- und Ingenieurkammergesetzes vorliegen,

3.

   des Architekten- und Ingenieurkammergesetzes die Berufsbezeichnung „Innenarchitektin" oder „Innenarchitekt" zu führen berechtigt ist für die zu den Berufsaufgaben der Innenarchitektin oder des Innenarchitekten

76

gehörenden Planungen nach § 1 Abs. 1 Nr. 2 des Architekten- und Ingenieurkammergesetzes oder

4.

des Architekten- und Ingenieurkammergesetzes die Berufsbezeichnung „Landschaftsarchitektin" oder „Landschaftsarchitekt" zu führen berechtigt ist für die zu den Berufsaufgaben der Landschaftsarchitektin oder des Landschaftsarchitekten gehörenden Planungen nach § 1 Abs. 1 Nr. 3 des Architekten- und Ingenieurkammergesetzes.

(4) Bauvorlageberechtigt für Wohngebäude der Gebäudeklasse 1 und untergeordnete eingeschossige Anbauten an bestehende Wohngebäude der Gebäudeklassen 1 bis 3 sind auch Diplomingenieurinnen oder Diplomingenieure, Bachelor- und Master-Absolventinnen oder -Absolventen der Studiengänge Architektur, Hochbau oder Bauingenieurwesen, die an einer Wissenschaftlichen Hochschule, Fachhochschule oder gleichrangigen Bildungseinrichtung das Studium erfolgreich abgeschlossen haben, sowie Meisterinnen oder Meister des Maurer-, Zimmerer-, Beton- und Stahlbetonbauerhandwerks und staatlich geprüfte Technikerinnen oder Techniker.

(5) Unternehmen dürfen Bauvorlagen als Entwurfsverfasserin oder Entwurfsverfasser unterschreiben, wenn sie diese unter der Leitung einer oder eines Bauvorlageberechtigten nach den Absätzen 3 und 4 aufstellen. Auf den Bauvorlagen ist der Name der oder des Bauvorlageberechtigten anzugeben.

(6) Entwurfsverfasserinnen und Entwurfsverfasser nach den Absätzen 3 und 4 müssen ausreichend berufshaftpflichtversichert oder in sonstiger Weise für ihre Tätigkeit adäquat haftpflichtversichert sein. Das Bestehen des Versicherungsschutzes für Entwurfsverfasserinnen und Entwurfsverfasser nach Absatz 3 überwacht die Architekten- und Ingenieurkammer Schleswig-Holstein. Sie ist zuständige Stelle im Sinne des § 117 Abs. 2 des Gesetzes über den Versicherungsvertrag vom 23. November 2007 (BGBl. I S. 2631), zuletzt geändert durch Artikel 9 des Gesetzes vom 28. Mai 2008 (BGBl. I S. 874). Die Entwurfsverfasserinnen und Entwurfsverfasser sind verpflichtet, den Bauherrinnen und Bauherren sowie der Architekten- und Ingenieurkammer im Einzelfall bestehende Haftungsausschlussgründe unverzüglich zu offenbaren.

§ 66
Vorbescheid

Vor Einreichen des Bauantrages ist auf Antrag der Bauherrin oder des Bauherrn zu einzelnen Fragen des Bauvorhabens ein Vorbescheid zu erteilen. Der Vorbescheid gilt drei Jahre. § 64, § 67 Abs. 1, 2 und 5, § 69 Abs. 5 bis 9, §§ 72, 73 Abs. 1 bis 3 und § 75 Abs. 2 gelten entsprechend.

§ 67
Behandlung des Bauantrages

(1) Die Bauaufsichtsbehörde hört zum Bauantrag die Gemeinde und diejenigen

Stellen,

1.

deren Beteiligung oder Anhörung für die Entscheidung über den Bauantrag durch Rechtsvorschrift vorgeschrieben ist, oder

2.

ohne deren Stellungnahme die Genehmigungsfähigkeit des Bauantrages nicht beurteilt werden kann;

die Beteiligung oder Anhörung entfällt, wenn die Gemeinde oder die jeweilige Stelle dem Bauantrag bereits vor Einleitung des Baugenehmigungsverfahrens zugestimmt hat. Bedarf die Erteilung der Baugenehmigung der Zustimmung oder des Einvernehmens einer anderen Körperschaft, Behörde oder sonstigen Stelle, so gilt diese als erteilt, wenn sie nicht einen Monat nach Eingang des Ersuchens unter Angabe der Gründe verweigert wird; von der Frist nach Halbsatz 1 abweichende Regelungen durch Rechtsvorschrift bleiben unberührt. Stellungnahmen bleiben unberücksichtigt, wenn sie nicht innerhalb eines Monats nach Aufforderung zur Stellungnahme bei der Bauaufsichtsbehörde eingehen, es sei denn, die verspätete Stellungnahme ist für die Rechtmäßigkeit der Entscheidung über den Bauantrag von Bedeutung.

(2) Ist der Bauantrag unvollständig oder weist er sonstige erhebliche Mängel auf, fordert die Bauaufsichtsbehörde die Bauherrin oder den Bauherrn zur Behebung der Mängel innerhalb einer angemessenen Frist auf, die in der Regel zwei Monate nicht überschreiten soll. Werden die Mängel innerhalb dieser Frist nicht behoben, gilt der Antrag als zurückgenommen.

(3) Legt die Bauherrin oder der Bauherr Bescheinigungen einer sachverständigen Person oder sachverständigen Stelle im Sinne einer Verordnung nach § 83 Abs. 4 Satz 1 Nr. 4 in Verbindung mit Satz 2 und 3 vor, so wird vermutet, dass die bauaufsichtlichen Anforderungen insoweit erfüllt sind. Die Bauaufsichtsbehörde kann die Vorlage solcher Bescheinigungen verlangen. § 70 bleibt unberührt.

(4) Die nicht prüfpflichtigen bautechnischen Nachweise müssen bei Baubeginn der Bauherrin oder dem Bauherrn, die prüfpflichtigen bautechnischen Nachweise müssen spätestens zehn Werktage vor Baubeginn geprüft bei der Bauaufsichtsbehörde vorliegen.

(5) Die Bauaufsichtsbehörde hat, soweit andere Behörden zuständig sind, die für die Errichtung, Änderung, Nutzung oder Beseitigung von Anlagen nach anderen öffentlich-rechtlichen Vorschriften erforderlichen Genehmigungen, Zustimmungen, Bewilligungen und Erlaubnisse einzuholen und mit der Baugenehmigung gleichzeitig auszuhändigen, soweit durch Rechtsvorschriften nichts anderes bestimmt ist. Versagt eine andere Behörde, die nach anderen öffentlich-rechtlichen Vorschriften dazu befugt ist, diese Genehmigung, Bewilligung oder Erlaubnis, so teilt sie dies, wenn bauaufsichtliche Gründe dem Bauantrag nicht entgegenstehen, unter Benachrichtigung der

Bauaufsichtsbehörde der Antragstellerin oder dem Antragsteller durch schriftlichen Bescheid unmittelbar mit.

(6) Soweit die Errichtung, Änderung oder Beseitigung baulicher Anlagen für den Nachweis der Liegenschaften in öffentlichen Registern von Bedeutung ist, hat die Bauaufsichtsbehörde die registerführende Behörde über die erteilte Baugenehmigung und die durch die Genehmigungsfreistellung nach § 68 erfassten Bauvorhaben zu unterrichten.

(7) Personenbezogene Daten, die der Bauaufsichtsbehörde im Zusammenhang mit von ihr durchzuführenden Verwaltungsverfahren bekannt werden, dürfen an Behörden und sonstige öffentliche Stellen übermittelt werden, soweit

1.

dies für die Einholung einer Genehmigung, Zustimmung, Bewilligung oder Erlaubnis nach anderen öffentlich-rechtlichen Vorschriften erforderlich ist (Absatz 5, § 64 Abs. 2),

2.

dies notwendig ist, um die Vereinbarkeit mit öffentlich-rechtlichen Vorschriften zu prüfen oder

3.

dadurch die gesetzlich vorgeschriebene Fortführung des Nachweises der Liegenschaften in öffentlichen Registern gewährleistet wird,

an andere Stellen daneben auch, soweit

4.

es erforderlich ist, dass die Bauaufsichtsbehörde sich zur ordnungsgemäßen Erfüllung ihrer Aufgaben der besonderen Sachkunde der Stellen bedient.

Außerdem darf die Bauaufsichtsbehörde Baubeginn und Lage des Baugrundstücks an andere Behörden und sonstige öffentliche Stellen zur Bekämpfung der Schwarzarbeit und illegalen Beschäftigung nach dem Gesetz zur Bekämpfung der Schwarzarbeit und illegalen Beschäftigung (SchwarzArbG) vom 23. Juli 2004 (BGBl. I S. 1842), zuletzt geändert durch Artikel 6 Abs. 7 des Gesetzes vom 19. August 2007 (BGBl. I S. 1970), übermitteln. Darüber hinaus dürfen personenbezogene Daten an andere Behörden, sonstige öffentliche Stellen oder andere Stellen nur mit Einwilligung der Bauherrin oder des Bauherrn oder aufgrund besonderer gesetzlicher Zulassungen übermittelt werden. Die Bauaufsichtsbehörde hat, wenn die Bauherrin oder der Bauherr entsprechende zusätzliche Bauvorlagen einreicht, die Übermittlung ohne Nennung von Namen und Anschrift der Bauherrin oder des Bauherrn, der Entwurfsverfasserin oder des Entwurfsverfassers und der oder des

Bauvorlageberechtigten vorzunehmen, wenn der Zweck der Übermittlung auch auf diese Weise ohne zusätzliche Erschwerung erreicht werden kann.

(8) Liegen die Voraussetzungen für das vereinfachte Baugenehmigungsverfahren nach § 69 vor, soll die Bauaufsichtsbehörde unter Benachrichtigung der Bauherrin oder des Bauherrn das Vorhaben in dieses Verfahren übernehmen, wenn die Bauherrin oder der Bauherr nicht innerhalb von drei Wochen nach Zugang der Benachrichtigung widerspricht; der Ablauf der Frist gilt als Eingang der Bauvorlagen nach § 69 Abs. 6. Satz 1 gilt nicht für verfahrensfreie Vorhaben nach § 63.

§ 68
Genehmigungsfreistellung

(1) Keiner Genehmigung bedarf unter den Voraussetzungen des Absatzes 2 die Errichtung, Änderung und Nutzungsänderung von

1.

  Gebäuden der Gebäudeklassen 1 bis 3,

2.

  sonstigen baulichen Anlagen, die keine Gebäude sind,

3.

  Nebengebäuden und Nebenanlagen zu Bauvorhaben nach Nummer 1 und 2,

ausgenommen Sonderbauten. § 63 bleibt unberührt.

(2) Ein Bauvorhaben nach Absatz 1 ist genehmigungsfrei gestellt, wenn

1.

  es im Geltungsbereich eines Bebauungsplans im Sinne des § 30 Abs. 1 oder 2 des Baugesetzbuchs liegt,

2.

  es den Festsetzungen des Bebauungsplans nicht widerspricht; wenn ein Widerspruch zu den Festsetzungen des Bebauungsplans vorliegt, bedarf es eines entsprechenden Antrags auf Erteilung einer Ausnahme oder Befreiung,

3.

  die Erschließung gesichert ist und

4.

die Gemeinde nicht innerhalb der Frist nach Absatz 3 Satz 2 erklärt, dass ein vereinfachtes Baugenehmigungsverfahren durchgeführt werden soll, oder eine vorläufige Untersagung nach § 15 Abs. 1 Satz 2 des Baugesetzbuchs beantragt.

(3) Die Bauherrin oder der Bauherr hat die erforderlichen Bauvorlagen bei der Gemeinde einzureichen; eine weitere Ausfertigung ist zeitgleich bei der Bauaufsichtsbehörde einzureichen, wenn die Bürgermeisterin oder der Bürgermeister der Gemeinde nicht Bauaufsichtsbehörde ist. Mit dem Bauvorhaben darf einen Monat nach Einreichung der erforderlichen Bauvorlagen bei der Gemeinde und der Bauaufsichtsbehörde begonnen werden; wenn Abweichungen sowie Ausnahmen oder Befreiungen nach § 31 des Baugesetzbuchs erforderlich sind, darf mit den Bauarbeiten erst begonnen werden, wenn dem schriftlichen Antrag entsprochen wurde. Der Bauherrin oder dem Bauherrn müssen bei Baubeginn die bautechnischen Nachweise und im Fall des § 70 Abs. 3 Satz 1 Nr. 2 die geprüften bautechnischen Nachweise vorliegen.

(4) Einer bauaufsichtlichen Prüfung bedarf es nicht. § 59 Abs. 1 bleibt unberührt.

(5) Über Abweichungen sowie Ausnahmen und Befreiungen nach § 31 des Baugesetzbuchs entscheidet die Bauaufsichtsbehörde auf besonderen Antrag.

(6) Die Bauvorlagen, mit Ausnahme der bautechnischen Nachweise, müssen von Entwurfsverfasserinnen oder Entwurfsverfassern gefertigt werden, die nach § 65 Abs. 3 bauvorlageberechtigt sind. Die Entwurfsverfasserinnen oder Entwurfsverfasser, die Aufstellerinnen oder Aufsteller der bautechnischen Nachweise und die Fachplanerinnen oder Fachplaner nach § 55 Abs. 2 haben die Erklärung abzugeben, dass die von ihnen gefertigten Bauvorlagen den öffentlich-rechtlichen Vorschriften entsprechen.

(7) Die bautechnischen Nachweise müssen von Personen aufgestellt sein, die in der Liste nach § 15 Abs. 1 Satz 1 Nr. 5 des Architekten- und Ingenieurkammergesetzes eingetragen sind. § 70 bleibt im Übrigen unberührt. § 64 Abs. 2 Satz 1 und Abs. 4 Satz 1 und 2, § 73 Abs. 5 Satz 1 Nr. 2 und 3, Abs. 6 und 7 sind sinngemäß anzuwenden.

(8) Die Bauherrin oder der Bauherr hat eine Bauleiterin oder einen Bauleiter im Sinne des § 57 zu bestellen.

(9) Die Erklärung der Gemeinde nach Absatz 2 Nr. 4 erste Alternative kann insbesondere erfolgen, wenn sie eine Überprüfung der sonstigen Voraussetzungen des Absatzes 2 oder des Bauvorhabens aus anderen Gründen für erforderlich hält. Auf den Verzicht der Erklärungsmöglichkeit besteht kein Rechtsanspruch. Erklärt die Gemeinde, dass ein vereinfachtes Baugenehmigungsverfahren durchgeführt werden soll, hat sie unter Benachrichtigung der Bauherrin oder des Bauherrn die Bauvorlagen an die Bauaufsichtsbehörde weiterzuleiten, wenn die Bauherrin oder der Bauherr nicht innerhalb von drei Wochen nach Zugang der Benachrichtigung widerspricht. Absatz 13 Satz 2 und 3 gilt entsprechend.

(10) Für die Feuerungsanlagen im Sinne des § 43 Abs. 1 muss die Bauherrin oder der Bauherr zehn Werktage vor Baubeginn der Feuerungsanlage eine Bescheinigung der Bezirksschornsteinfegermeisterin oder des Bezirksschornsteinfegermeisters einholen, aus der hervorgeht, dass sie den öffentlich-rechtlichen Vorschriften entsprechen und die Abgasanlagen, wie Schornsteine, Abgasleitungen und Verbindungsstücke, und die Feuerstätten so aufeinander abgestimmt sind, dass beim bestimmungsgemäßen Betrieb Gefahren oder unzumutbare Belästigungen nicht zu erwarten sind. § 79 Abs. 3 Satz 2 gilt entsprechend.

(11) Die Bauherrin oder der Bauherr hat, soweit andere Behörden zuständig sind, die für die Errichtung, Änderung, Erweiterung oder die Beseitigung der in Absatz 1 genannten Bauvorhaben nach anderen öffentlich-rechtlichen Vorschriften erforderlichen Genehmigungen, Zustimmungen, Bewilligungen und Erlaubnisse vor Baubeginn einzuholen.

(12) Die Bauherrin oder der Bauherr kann für Vorhaben nach Absatz 1 auch das vereinfachte Baugenehmigungsverfahren nach § 69 durchführen lassen.

(13) Liegen die Voraussetzungen für das Verfahren der Genehmigungsfreistellung nicht vor, soll die Bauaufsichtsbehörde unter Benachrichtigung der Gemeinde und der Bauherrin oder des Bauherrn das Vorhaben in das erforderliche bauaufsichtliche Verfahren übernehmen, wenn die Bauherrin oder der Bauherr nicht innerhalb von drei Wochen nach Zugang der Benachrichtigung widerspricht. Mit Zugang der Benachrichtigung gilt der Baubeginn als untersagt. Der Ablauf der Frist von drei Wochen nach Zugang der Benachrichtigung gilt als Eingang der Bauvorlagen nach § 69 Abs. 6.

§ 69
Vereinfachtes Baugenehmigungsverfahren

(1) Außer bei Sonderbauten wird nicht geprüft die Vereinbarkeit der Vorhaben mit den Vorschriften dieses Gesetzes und den Vorschriften aufgrund dieses Gesetzes. § 65 Abs. 4, §§ 68 und 70 bleiben unberührt.

(2) Über Abweichungen sowie Ausnahmen und Befreiungen nach § 31 des Baugesetzbuchs entscheidet die Bauaufsichtsbehörde auf besonderen Antrag.

(3) Auch soweit eine Prüfung entfällt, sind die Bauvorlagen, mit Ausnahme der nicht prüfpflichtigen bautechnischen Nachweise, einzureichen. § 67 Abs. 4 gilt entsprechend.

(4) Die Bauvorlagen, mit Ausnahme der bautechnischen Nachweise, müssen von Entwurfsverfasserinnen oder Entwurfsverfassern gefertigt werden, die nach § 65 Abs. 3 bauvorlageberechtigt sind. Die Entwurfsverfasserinnen oder Entwurfsverfasser, die Aufstellerinnen oder Aufsteller der bautechnischen Nachweise und die Fachplanerinnen oder Fachplaner im Sinne des § 55 Abs. 2 haben die Erklärung abzugeben, dass die von ihnen gefertigten Bauvorlagen den öffentlich-rechtlichen Vorschriften entsprechen.

(5) Beim Eingang unvollständiger Bauvorlagen bei der Bauaufsichtsbehörde soll sie innerhalb von drei Wochen schriftlich der Bauherrin oder dem Bauherrn die noch einzureichenden Bauvorlagen angeben.

(6) Die Bauaufsichtsbehörde hat über den Bauantrag spätestens innerhalb einer Frist von drei Monaten nach Eingang der Bauvorlagen bei ihr, bei unvollständigen Bauvorlagen innerhalb einer Frist von drei Monaten nach Eingang der noch einzureichenden Bauvorlagen zu entscheiden.

(7) Sind für das Vorhaben Abweichungen oder Ausnahmen oder Befreiungen nach § 31 des Baugesetzbuchs erforderlich oder liegt es in einem Landschaftsschutzgebiet, verlängert sich die Frist nach Absatz 6 um einen Monat.

(8) Ergibt sich bei der weiteren Prüfung der Bauvorlagen, dass noch zusätzliche Unterlagen erforderlich sind, oder macht es die Beteiligung anderer Behörden, öffentlicher Stellen, anderer Stellen oder von Nachbarinnen oder Nachbarn erforderlich, kann die Bauaufsichtsbehörde die sich aus den Absätzen 6 und 7 ergebende Frist angemessen, längstens um drei weitere Monate, verlängern und auch die zusätzlichen Unterlagen von der Bauherrin oder dem Bauherrn nachfordern.

(9) Die Genehmigung gilt als erteilt, wenn sie nicht innerhalb der Frist versagt wird. Nach Ablauf der Frist ist dieses auf Antrag der Bauherrin oder des Bauherrn schriftlich zu bestätigen.

(10) § 68 Abs. 10 gilt entsprechend.

(11) Liegen die Voraussetzungen für das Baugenehmigungsverfahren nach § 67 vor, soll die Bauaufsichtsbehörde das Vorhaben unter Benachrichtigung der Bauherrin oder des Bauherrn in dieses Verfahren übernehmen, wenn die Bauherrin oder der Bauherr nicht innerhalb von drei Wochen nach Zugang der Benachrichtigung widerspricht.

§ 70
Bautechnische Nachweise

(1) Die Einhaltung der Anforderungen an die Standsicherheit, den Brand-, Schall-, Wärme- und Erschütterungsschutz ist durch bautechnische Nachweise nachzuweisen; dies gilt nicht für verfahrensfreie Bauvorhaben nach § 63, einschließlich der Beseitigung von Anlagen, soweit nicht in diesem Gesetz oder in Vorschriften aufgrund dieses Gesetzes anderes bestimmt ist.

(2) Bei

1.

Gebäuden der Gebäudeklassen 1 bis 3,

2.

sonstigen baulichen Anlagen, die keine Gebäude sind,

prüft die Bauaufsichtsbehörde die bautechnischen Nachweise nicht, wenn diese von Personen aufgestellt worden sind, die in die Liste nach § 15 Abs. 1 Satz 1 Nr. 5 des Architekten- und Ingenieurkammergesetzes eingetragen sind; Absatz 3 Satz 1 Nr. 2 bleibt unberührt. § 65 Abs. 6 gilt sinngemäß. Werden die bautechnischen Nachweise von verschiedenen Personen aufgestellt, ist jede Person für die von ihr gefertigten Unterlagen verantwortlich; für das ordnungsgemäße Ineinandergreifen dieser Nachweise hat eine dieser von der Bauherrin oder dem Bauherrn der Bauaufsichtsbehörde zu benennenden Personen die Verantwortung zu übernehmen. Die in Satz 1 genannten Personen haben bei der Bauausführung die Einhaltung der bautechnischen Anforderungen zu überwachen; Satz 3 letzter Halbsatz gilt entsprechend. Abweichend von Satz 1 ist die Aufstellung der bautechnischen Nachweise auch von Personen zulässig, die nicht in der Liste nach § 15 Abs. 1 Satz 1 Nr. 5 des Architekten- und Ingenieurkammergesetzes eingetragen sind; die von diesen Personen aufgestellten Nachweise sind zu prüfen. Satz 5 ist im Verfahren der Genehmigungsfreistellung nach § 68 nicht anwendbar.

(3) Der Standsicherheitsnachweis muss durch eine Prüfingenieurin oder einen Prüfingenieur für Standsicherheit oder ein Prüfamt für Standsicherheit bauaufsichtlich geprüft werden bei

1.

Sonderbauten und Gebäuden der Gebäudeklassen 4 und 5,

2.

a)

Gebäuden der Gebäudeklassen 1 bis 3,

b)

Behältern, Brücken, Stützmauern, Tribünen,

c)

sonstigen baulichen Anlagen, die keine Gebäude sind, mit einer Höhe von mehr als 10 m,

wenn dies nach Maßgabe eines in der Verordnung nach § 83 Abs. 3 geregelten Kriterienkatalogs erforderlich ist; das gilt nicht für Wohngebäude der Gebäudeklassen 1 und 2.

Hinsichtlich der übrigen bautechnischen Nachweise gilt Absatz 2 sinngemäß.

(4) Bei Gebäuden der Gebäudeklasse 4, ausgenommen Sonderbauten sowie Mittel- und Großgaragen, ist der Brandschutznachweis von

1.

einer oder einem Prüfsachverständigen für Brandschutz oder

2.

84

einer oder einem für das Bauvorhaben Bauvorlageberechtigten aus einem anderen Mitgliedstaat der Europäischen Union oder einem nach dem Recht der Europäischen Gemeinschaften gleichgestellten Staat, die oder der den Tätigkeitsbereich und die erforderlichen Kenntnisse des Brandschutzes entsprechend Nummer 1 nachgewiesen hat, die oder der unter Beachtung des § 6 Abs. 9 des Architekten- und Ingenieurkammergesetzes in einer von der Architekten- und Ingenieurkammer Schleswig-Holstein zu führenden Liste eingetragen ist,

zu erstellen; vergleichbare Eintragungen anderer Bundesländer gelten auch im Geltungsbereich dieses Gesetzes. Wenn der Brandschutznachweis nicht von einer Person im Sinne des Satzes 1 erstellt wird, ist der Brandschutz durch eine Person im Sinne des Satzes 1 zu prüfen und zu bescheinigen. Wird der Brandschutznachweis nicht von einer Person im Sinne des Satzes 2 geprüft und bescheinigt, ist der Brandschutz bauaufsichtlich zu prüfen. Auch bei anderen Bauvorhaben darf der Brandschutznachweis von einer oder einem Prüfsachverständigen für Brandschutz erstellt werden. Für Personen, die in einem anderen Mitgliedstaat der Europäischen Union oder einem nach dem Recht der Europäischen Gemeinschaften gleichgestellten Staat zur Erstellung von Brandschutznachweisen niedergelassen sind, gilt § 9 a Abs. 3 des Architekten- und Ingenieurkammergesetzes mit der Maßgabe entsprechend, dass die Anzeige oder der Antrag auf Erteilung einer Bescheinigung bei der Architekten- und Ingenieurkammer einzureichen ist.

(5) Bei

1.

Sonderbauten,

2.

Mittel- und Großgaragen,

3.

Gebäuden der Gebäudeklasse 5

ist der Brandschutznachweis von einer oder einem Prüfsachverständigen für Brandschutz, die oder der in einer von der Architekten- und Ingenieurkammer Schleswig-Holstein zu führenden Liste eingetragen ist, zu prüfen und zu bescheinigen. Wenn der Brandschutznachweis nicht von einer oder einem Prüfsachverständigen für Brandschutz im Sinne des Satzes 1 geprüft und bescheinigt wird, ist der Brandschutz bauaufsichtlich zu prüfen.

(6) Werden bautechnische Nachweise durch eine Prüfingenieurin oder einen Prüfingenieur für Standsicherheit oder ein Prüfamt für Standsicherheit bauaufsichtlich geprüft oder Brandschutznachweise durch eine Prüfsachverständige oder einen Prüfsachverständigen für Brandschutz, die oder

der in einer von der Architekten- und Ingenieurkammer Schleswig-Holstein zu führenden Liste eingetragen ist, geprüft und bescheinigt, werden die entsprechenden Anforderungen auch in den Fällen des § 71 bauaufsichtlich nicht geprüft. Einer bauaufsichtlichen Prüfung oder Bescheinigung bedarf es ferner nicht, soweit für bauliche Anlagen Standsicherheitsnachweise vorliegen, die von einem Prüfamt für Standsicherheit allgemein geprüft sind (Typenprüfung); Typenprüfungen anderer Länder gelten auch im Geltungsbereich dieses Gesetzes.

§ 71
Abweichungen

(1) Die Bauaufsichtsbehörde kann Abweichungen von Anforderungen dieses Gesetzes und aufgrund dieses Gesetzes erlassener Vorschriften zulassen, wenn sie unter Berücksichtigung des Zwecks der jeweiligen Anforderung und unter Würdigung der öffentlich-rechtlich geschützten nachbarlichen Belange mit den öffentlichen Belangen, insbesondere den Anforderungen des § 3 Abs. 2, vereinbar sind. § 3 Abs. 3 Satz 3 bleibt unberührt.

(2) Die Zulassung von Abweichungen nach Absatz 1 sowie von Ausnahmen und Befreiungen nach § 31 des Baugesetzbuchs ist gesondert schriftlich zu beantragen; der Antrag ist zu begründen. Für Anlagen, die keiner Genehmigung bedürfen, sowie für Abweichungen von Vorschriften, die im Genehmigungsverfahren nicht geprüft werden, gilt Satz 1 entsprechend. Im Baugenehmigungsverfahren nach § 67 bedarf es für Ausnahmen nach § 31 des Baugesetzbuchs keines schriftlichen Antrags.

(3) Über Abweichungen nach Absatz 1 Satz 1 von örtlichen Bauvorschriften nach § 84 entscheidet die Bauaufsichtsbehörde im Einvernehmen mit der Gemeinde; § 36 Abs. 2 Satz 2 und 3 des Baugesetzbuchs gilt entsprechend.

(4) Über Abweichungen sowie Ausnahmen und Befreiungen nach § 31 des Baugesetzbuchs ist innerhalb einer Frist von zwei Monaten nach Eingang der vollständigen Bauvorlagen zu entscheiden. Ist das Einvernehmen der Gemeinde erforderlich, darf diese Frist insoweit überschritten werden, als dass innerhalb eines Monats nach Zugang der Erklärung des Einvernehmens zu entscheiden ist. § 69 Abs. 5 und 9 gilt entsprechend.

§ 72
Beteiligung der Nachbarinnen oder Nachbarn

(1) Die Bauaufsichtsbehörde soll die Eigentümerinnen oder Eigentümer benachbarter Grundstücke (Nachbarinnen oder Nachbarn) vor Erteilung von Abweichungen sowie Ausnahmen und Befreiungen nach § 31 des Baugesetzbuchs benachrichtigen, wenn zu erwarten ist, dass öffentlich-rechtlich geschützte nachbarliche Belange berührt werden. Auch sonst soll nach Satz 1 verfahren werden, wenn die Baumaßnahme öffentlich-rechtlich geschützte Belange berührt. Die Bauherrin oder der Bauherr hat der Bauaufsichtsbehörde auf Verlangen die betroffenen Nachbarinnen oder Nachbarn namhaft zu machen und Unterlagen zu ihrer Beteiligung zur Verfügung zu stellen. Einwendungen sind innerhalb eines Monats nach Zugang

der Benachrichtigung bei der Bauaufsichtsbehörde schriftlich oder zur Niederschrift vorzubringen. Einwendungen von Nachbarinnen oder Nachbarn, die im Rahmen der Beteiligung nicht fristgerecht geltend gemacht worden sind, bleiben ausgeschlossen; hierauf ist in der Benachrichtigung hinzuweisen.

(2) Die Benachrichtigung entfällt, wenn die zu benachrichtigenden Nachbarinnen oder Nachbarn die Lagepläne und Bauzeichnungen unterschrieben oder dem Bauvorhaben auf andere Weise zugestimmt haben.

(3) Haben die Nachbarinnen oder Nachbarn dem Bauvorhaben nicht zugestimmt, ist ihnen die Baugenehmigung oder die Entscheidung über die Abweichungen sowie Ausnahmen und Befreiungen nach § 31 des Baugesetzbuchs zuzustellen.

§ 73
Baugenehmigung, Baubeginn

(1) Die Baugenehmigung ist zu erteilen, wenn dem Vorhaben keine öffentlich-rechtlichen Vorschriften entgegenstehen. Die Baugenehmigung bedarf der Schriftform; sie ist nur insoweit zu begründen, wie von nachbarschützenden Vorschriften eine Abweichung, eine Ausnahme oder eine Befreiung nach § 31 des Baugesetzbuchs erteilt wird und die Nachbarin oder der Nachbar nicht nach § 72 Abs. 3 zugestimmt hat.

(2) Die Baugenehmigung kann mit Auflagen verbunden, mit Bedingungen, einem Vorbehalt des Widerrufs und einem Vorbehalt der nachträglichen Aufnahme, Änderung oder Ergänzung einer Auflage sowie befristet erteilt werden.

(3) Die Baugenehmigung wird unbeschadet der privaten Rechte Dritter erteilt.

(4) Die Gemeinde ist, wenn ihre Bürgermeisterin oder ihr Bürgermeister nicht Bauaufsichtsbehörde ist, von der Erteilung, Verlängerung der Geltungsdauer, Ablehnung, Rücknahme und dem Widerruf einer Baugenehmigung, Teilbaugenehmigung, eines Vorbescheides, einer Zustimmung, einer Abweichung, einer Ausnahme oder einer Befreiung nach § 31 des Baugesetzbuchs zu unterrichten. Eine Ausfertigung des Bescheides ist beizufügen.

(5) Mit der Bauausführung oder mit der Ausführung des jeweiligen Bauabschnitts darf erst begonnen werden, wenn

1.

die Baugenehmigung der Bauherrin oder dem Bauherrn zugegangen ist sowie

2.

die geprüften Standsicherheitsnachweise nach § 70 Abs. 3 und

3.

die Baubeginnsanzeige

der Bauaufsichtsbehörde vorliegen. §§ 68 und 69 Abs. 9 bleiben unberührt.

(6) Vor Baubeginn muss die Grundrissfläche des Gebäudes abgesteckt und seine Höhenlage festgelegt sein. Baugenehmigungen und Bauvorlagen müssen auf der Baustelle von Baubeginn an vorliegen.

(7) Die Bauherrin oder der Bauherr hat den Ausführungsbeginn genehmigungsbedürftiger Vorhaben und die Wiederaufnahme der Bauarbeiten nach einer Unterbrechung von mehr als drei Monaten mindestens eine Woche vorher der Bauaufsichtsbehörde schriftlich mitzuteilen (Baubeginnsanzeige).

§ 74
Teilbaugenehmigung

Ist ein Bauantrag eingereicht, so kann der Beginn der Bauarbeiten für die Baugrube und für einzelne Bauteile oder Bauabschnitte auf schriftlichen Antrag schon vor Erteilung der Baugenehmigung schriftlich gestattet werden (Teilbaugenehmigung). § 73 gilt entsprechend.

§ 75
Geltungsdauer

(1) Die Baugenehmigung und Teilbaugenehmigung erlöschen, wenn innerhalb von drei Jahren nach ihrer Erteilung mit der Ausführung des Vorhabens nicht begonnen oder die Ausführung länger als ein Jahr unterbrochen worden ist; Entsprechendes gilt im Verfahren der Genehmigungsfreistellung nach § 68.

(2) Die Frist nach Absatz 1 kann auf schriftlichen Antrag jeweils bis zu zwei Jahren verlängert werden; dies gilt nicht für das Verfahren der Genehmigungsfreistellung nach § 68. Die Frist kann auch rückwirkend verlängert werden, wenn der Antrag vor Fristablauf bei der Bauaufsichtsbehörde eingegangen ist.

§ 76
Genehmigung Fliegender Bauten

(1) Fliegende Bauten sind bauliche Anlagen, die geeignet und bestimmt sind, an verschiedenen Orten wiederholt aufgestellt und zerlegt zu werden. Baustelleneinrichtungen und Baugerüste sind keine Fliegenden Bauten.

(2) Fliegende Bauten bedürfen, bevor sie erstmals aufgestellt und in Gebrauch genommen werden, einer Ausführungsgenehmigung. Dies gilt nicht für

1.

   Fliegende Bauten mit einer Höhe bis zu 5 m, die nicht dazu bestimmt sind, von Besucherinnen oder Besuchern betreten zu werden,

2.

   Fliegende Bauten mit einer Höhe bis zu 5 m, die für Kinder betrieben werden und eine Geschwindigkeit von höchstens 1 m/s haben,

3.

    Bühnen, die Fliegende Bauten sind, einschließlich Überdachungen und sonstigen Aufbauten mit einer Höhe bis zu 5 m, einer Grundfläche bis zu 100 m² und einer Fußbodenhöhe bis zu 1,50 m,

4.

    Zelte, die Fliegende Bauten sind, mit einer Grundfläche bis zu 75 m².

(3) Die Ausführungsgenehmigung wird von der unteren Bauaufsichtsbehörde erteilt, in deren Bereich die Antragstellerin oder der Antragsteller ihre oder seine Hauptwohnung oder ihre oder seine gewerbliche Niederlassung hat. Hat die Antragstellerin oder der Antragsteller ihre oder seine Hauptwohnung oder ihre oder seine gewerbliche Niederlassung außerhalb der Bundesrepublik Deutschland, so ist die Bauaufsichtsbehörde zuständig, in deren Bereich der Fliegende Bau erstmals aufgestellt und in Gebrauch genommen werden soll.

(4) Die oberste Bauaufsichtsbehörde kann durch Verordnung bestimmen, dass Ausführungsgenehmigungen für Fliegende Bauten nur durch bestimmte Bauaufsichtsbehörden erstellt werden dürfen.

(5) Die Genehmigung wird für eine bestimmte Frist erteilt, die höchstens fünf Jahre betragen soll. Sie kann auf schriftlichen Antrag von der für die Erteilung der Ausführungsgenehmigung zuständigen Behörde jeweils bis zu fünf Jahre verlängert werden; § 75 Abs. 2 Satz 2 gilt entsprechend. Die Genehmigungen werden in ein Prüfbuch eingetragen, dem eine Ausfertigung der mit einem Genehmigungsvermerk versehenen Bauvorlagen beizufügen ist. Ausführungsgenehmigungen anderer Bundesländer gelten auch im Geltungsbereich dieses Gesetzes.

(6) Die Inhaberin oder der Inhaber der Ausführungsgenehmigung hat den Wechsel ihrer oder seiner Hauptwohnung, ihrer oder seiner gewerblichen Niederlassung oder die Übertragung des Fliegenden Baues an Dritte der Bauaufsichtsbehörde anzuzeigen, die die Ausführungsgenehmigung erteilt hat. Die Behörde hat die Änderungen in das Prüfbuch einzutragen und sie, wenn mit den Änderungen ein Wechsel der Zuständigkeit verbunden ist, der nunmehr zuständigen Behörde mitzuteilen.

(7) Fliegende Bauten, die nach Absatz 2 Satz 1 einer Ausführungsgenehmigung bedürfen, dürfen unbeschadet anderer Vorschriften nur in Gebrauch genommen werden, wenn ihre Aufstellung der Bauaufsichtsbehörde des Aufstellungsortes unter Vorlage des Prüfbuches angezeigt ist. Die Bauaufsichtsbehörde kann die Inbetriebnahme dieser Fliegenden Bauten von einer Gebrauchsabnahme abhängig machen. Das Ergebnis der Abnahme ist in das Prüfbuch einzutragen. In der Ausführungsgenehmigung kann bestimmt werden, dass Anzeigen nach Satz 1 nicht erforderlich sind, wenn eine Gefährdung im Sinne des § 3 Abs. 2 nicht zu erwarten ist.

(8) Die für die Erteilung der Gebrauchsabnahme zuständige Bauaufsichtsbehörde kann Auflagen machen oder die Aufstellung oder den

Gebrauch Fliegender Bauten untersagen, soweit dies nach den örtlichen Verhältnissen oder zur Abwehr von Gefahren erforderlich ist, insbesondere weil die Betriebs- oder Standsicherheit nicht oder nicht mehr gewährleistet ist oder weil von der Ausführungsgenehmigung abgewichen wird. Wird die Aufstellung oder der Gebrauch untersagt, so ist dies in das Prüfbuch einzutragen. Die ausstellende Behörde ist zu benachrichtigen, das Prüfbuch ist einzuziehen und der ausstellenden Behörde zuzuleiten, wenn die Herstellung ordnungsgemäßer Zustände innerhalb angemessener Frist nicht zu erwarten ist.

(9) Bei Fliegenden Bauten, die von Besucherinnen oder Besuchern betreten und längere Zeit an einem Aufstellungsort betrieben werden, kann die für die Gebrauchsabnahme zuständige Bauaufsichtsbehörde aus Gründen der Sicherheit Nachabnahmen durchführen. Das Ergebnis der Nachabnahme ist in das Prüfbuch einzutragen.

(10) § 64 Abs. 2 und 4 und § 78 Abs. 1, 3 und 4 gelten entsprechend.

§ 77
Bauaufsichtliche Zustimmung

(1) Nicht verfahrensfreie Bauvorhaben bedürfen keiner Genehmigung, Genehmigungsfreistellung und Bauüberwachung, wenn

1.

die Leitung der Entwurfsarbeiten und die Bauüberwachung einer Baudienststelle des Bundes oder eines Landes übertragen ist und

2.

die Baudienststelle mindestens mit einer oder einem Bediensteten mit der Befähigung zum höheren bautechnischen Verwaltungsdienst und mit sonstigen geeigneten Fachkräften ausreichend besetzt ist.

Solche baulichen Anlagen bedürfen der Zustimmung der Bauaufsichtsbehörde. Die Zustimmung entfällt, wenn die Gemeinde nicht widerspricht und, soweit ihre öffentlich-rechtlich geschützten Belange von Abweichungen, Ausnahmen oder Befreiungen nach § 31 des Baugesetzbuchs berührt sein können, die Nachbarinnen und Nachbarn dem Bauvorhaben zustimmen. Keiner Genehmigung, Genehmigungsfreistellung oder Zustimmung bedürfen unter den Voraussetzungen des Satzes 1 Baumaßnahmen in oder an bestehenden Gebäuden, soweit sie nicht zu einer Erweiterung des Bauvolumens oder zu einer nicht verfahrensfreien Nutzungsänderung führen, sowie die Beseitigung baulicher Anlagen.

(2) Im Zustimmungsverfahren wird nicht geprüft die Vereinbarkeit der Vorhaben mit den Vorschriften dieses Gesetzes und den Vorschriften aufgrund dieses Gesetzes. § 65 Abs. 4 und § 68 bleiben unberührt.

(3) Die Bauaufsichtsbehörde entscheidet über Abweichungen sowie Ausnahmen und Befreiungen nach § 31 des Baugesetzbuchs von den zu prüfenden sowie von anderen Vorschriften, soweit sie nachbarschützend sind und die

Nachbarinnen oder Nachbarn nicht zugestimmt haben. Im Übrigen bedarf die Zulässigkeit von Abweichungen sowie Ausnahmen und Befreiungen nach § 31 des Baugesetzbuchs keiner bauaufsichtlichen Entscheidung.

(4) Der Antrag auf Zustimmung nach Absatz 1 Satz 2 ist bei der Bauaufsichtsbehörde einzureichen. § 64 Abs. 2 bis 4 gilt entsprechend.

(5) Die Gemeinde ist vor Erteilung der Zustimmung zu hören. § 36 Abs. 2 Satz 2 Halbsatz 1 des Baugesetzbuchs gilt entsprechend. Für das Zustimmungsverfahren gelten im Übrigen die §§ 66 und 67 sowie 73 bis 75 sinngemäß; § 64 Abs. 1 ist nicht anzuwenden.

(6) Anlagen, die der Landesverteidigung dienen, sind abweichend von den Absätzen 1 bis 5 der Bauaufsichtsbehörde vor Baubeginn in geeigneter Weise zur Kenntnis zu bringen. Im Übrigen wirken die Bauaufsichtsbehörden nicht mit. § 76 Abs. 2 bis 10 findet auf Fliegende Bauten, die der Landesverteidigung dienen, keine Anwendung.

(7) Die öffentliche Baudienststelle trägt die Verantwortung dafür, dass Entwurf und Ausführung der baulichen Anlagen den öffentlich-rechtlichen Vorschriften entsprechen.

§ 78
Bauüberwachung

(1) Die Bauaufsichtsbehörde kann die Einhaltung der öffentlich-rechtlichen Vorschriften und Anforderungen und die ordnungsgemäße Erfüllung der Pflichten der am Bau Beteiligten überprüfen.

(2) Die Prüfingenieurin oder der Prüfingenieur für Standsicherheit überwacht nach näherer Maßgabe der Verordnung nach § 83 Abs. 2 die Bauausführung bei baulichen Anlagen nach § 70 Abs. 3 hinsichtlich des von ihr oder ihm oder einem Prüfamt für Standsicherheit bauaufsichtlich geprüften Standsicherheitsnachweises.

(3) Die Person, die in die Liste nach § 15 Abs. 1 Satz 1 Nr. 5 des Architekten- und Ingenieurkammergesetzes eingetragen ist, überwacht die Bauausführung bei baulichen Anlagen nach § 70 Abs. 2 Satz 1 hinsichtlich des von ihr oder ihm aufgestellten Standsicherheitsnachweises.

(4) Die oder der Prüfsachverständige für Brandschutz überwacht nach näherer Maßgabe der Verordnung nach § 83 Abs. 2 die Bauausführung bei baulichen Anlagen nach § 70 Abs. 5 Satz 1 hinsichtlich des von ihr oder ihm bauaufsichtlich geprüften und bescheinigten Brandschutznachweises. Wird der Brandschutznachweis nicht von einer oder einem Prüfsachverständigen für Brandschutz nach § 70 Abs. 5 Satz 1 geprüft und bescheinigt, bestimmt die Bauaufsichtsbehörde eine geeignete Person für die Überwachung nach Satz 1.

(5) Bei Gebäuden der Gebäudeklasse 4, ausgenommen Sonderbauten sowie Mittel- und Großgaragen, ist die mit dem Brandschutznachweis übereinstimmende Bauausführung von der Nachweiserstellerin oder dem Nachweisersteller oder einer oder einem anderen Nachweisberechtigten im Sinne des § 70 Abs. 4 Satz 1 zu bestätigen. Wird die übereinstimmende

Bauausführung durch eine Prüfsachverständige oder einen Prüfsachverständigen für Brandschutz bescheinigt oder nach Satz 1 bestätigt, findet insoweit eine bauaufsichtliche Überwachung nicht statt.

(6) Im Rahmen der Bauüberwachung können Proben von Bauprodukten, soweit erforderlich, auch aus fertigen Bauteilen zu Prüfzwecken entnommen werden.

(7) Im Rahmen der Bauüberwachung ist jederzeit Einblick in die Genehmigungen, Zulassungen, Prüfzeugnisse, Übereinstimmungszertifikate, Zeugnisse und Aufzeichnungen über die Prüfungen von Bauprodukten, in die Bautagebücher und andere vorgeschriebene Aufzeichnungen zu gewähren.

§ 79
Bauzustandsanzeigen, Aufnahme der Nutzung

(1) Die Bauaufsichtsbehörde kann verlangen, dass ihr Beginn und Beendigung bestimmter Bauarbeiten angezeigt werden. Die Bauarbeiten dürfen erst fortgesetzt werden, wenn die Bauaufsichtsbehörde der Fortführung der Bauarbeiten zugestimmt hat.

(2) Die Bauherrin oder der Bauherr hat die beabsichtigte Aufnahme der Nutzung einer nicht verfahrensfreien baulichen Anlage mindestens zwei Wochen vorher der Bauaufsichtsbehörde anzuzeigen. Mit der Anzeige nach Satz 1 sind vorzulegen

1.

    bei Bauvorhaben nach § 70 Abs. 3 eine Bescheinigung der Prüfingenieurin oder des Prüfingenieurs für Standsicherheit über die ordnungsgemäße Bauausführung hinsichtlich der Standsicherheit (§ 78 Abs. 2),

2.

    bei Bauvorhaben nach § 70 Abs. 2 Satz 1 eine Bescheinigung der Person, die in die Liste nach § 15 Abs. 1 Satz 1 Nr. 5 des Architekten- und Ingenieurkammergesetzes eingetragen ist, über die ordnungsgemäße Bauausführung hinsichtlich der Standsicherheit (§ 78 Abs. 3),

3.

    bei Bauvorhaben nach § 70 Abs. 5 Satz 1 eine Bescheinigung der oder des Prüfsachverständigen für Brandschutz oder der durch die Bauaufsichtsbehörde bestimmten Person über die ordnungsgemäße Bauausführung hinsichtlich des Brandschutzes (§ 78 Abs. 4),

4.

    in den Fällen des § 78 Abs. 5 die jeweilige Bestätigung.

(3) Eine bauliche Anlage darf erst genutzt werden, wenn sie selbst, Zufahrtswege, Wasserversorgungs- und Abwasserentsorgungs- sowie

Gemeinschaftsanlagen in dem erforderlichen Umfang sicher benutzbar sind, nicht jedoch vor dem in Absatz 2 Satz 1 bezeichneten Zeitpunkt. Feuerstätten dürfen erst in Betrieb genommen werden, wenn die Bezirksschornsteinfegermeisterin oder der Bezirksschornsteinfegermeister die Tauglichkeit und die sichere Benutzbarkeit der Abgasanlagen bescheinigt hat; Verbrennungsmotoren und Blockheizkraftwerke dürfen erst dann in Betrieb genommen werden, wenn sie oder er die Tauglichkeit und sichere Benutzbarkeit der Leitungen zur Abführung von Verbrennungsgasen bescheinigt hat.

§ 80
Baulasten, Baulastenverzeichnis

(1) Durch Erklärung gegenüber der Bauaufsichtsbehörde können Grundstückseigentümerinnen oder Grundstückseigentümer öffentlich-rechtliche Verpflichtungen zu einem ihre Grundstücke betreffenden Tun, Dulden oder Unterlassen übernehmen, die sich nicht schon aus öffentlich-rechtlichen Vorschriften ergeben. Baulasten werden unbeschadet der privaten Rechte Dritter mit der Eintragung in das Baulastenverzeichnis wirksam. Die Erklärung und die Eintragung wirken auch gegenüber Rechtsnachfolgerinnen oder Rechtsnachfolgern.

(2) Die Erklärung nach Absatz 1 bedarf der Schriftform; die Unterschrift muss beglaubigt oder vor der Bauaufsichtsbehörde geleistet oder vor ihr anerkannt werden.

(3) Die Baulast geht durch schriftlichen Verzicht der Bauaufsichtsbehörde unter. Der Verzicht ist zu erklären, wenn ein öffentliches Interesse an der Baulast nicht mehr besteht. Vor dem Verzicht sollen die oder der Verpflichtete und die durch die Baulast Begünstigten angehört werden. Der Verzicht wird mit der Löschung der Baulast im Baulastenverzeichnis wirksam.

(4) Das Baulastenverzeichnis wird von der Bauaufsichtsbehörde geführt. In das Baulastenverzeichnis können auch eingetragen werden

1.

andere baurechtliche Verpflichtungen der Grundstückseigentümerin oder des Grundstückseigentümers zu einem ihr oder sein Grundstück betreffenden Tun, Dulden oder Unterlassen,

2.

Auflagen, Bedingungen, Befristungen und Widerrufsvorbehalte.

(5) Wer ein berechtigtes Interesse darlegt, kann in das Baulastenverzeichnis Einsicht nehmen oder sich Abschriften erteilen lassen.

§ 81
Elektronische Kommunikation

§ 52 a des Landesverwaltungsgesetzes findet in den Fällen des § 64 Abs. 1 und

2, § 66, § 68 Abs. 3, § 71, § 73 Abs. 1 Satz 2, § 74, § 76 Abs. 3 und 10, § 77 Abs. 1 Satz 2 und Abs. 4 sowie § 80 Abs. 2 keine Anwendung.

Sechster Teil
Ordnungswidrigkeiten, Verordnungs- und Satzungsermächtigungen, Übergangs- und Schlussvorschriften

§ 82
Ordnungswidrigkeiten

(1) Ordnungswidrig handelt, wer vorsätzlich oder fahrlässig

1.

    einer nach § 83 erlassenen Verordnung oder einer nach § 84 Abs. 1 oder 3 erlassenen Satzung zuwiderhandelt, sofern die Verordnung oder die Satzung für einen bestimmten Tatbestand auf diese Bußgeldvorschrift verweist,

2.

    einer vollziehbaren schriftlichen Anordnung der Bauaufsichtsbehörde zuwiderhandelt, die aufgrund dieses Gesetzes oder aufgrund einer nach diesem Gesetz zulässigen Verordnung oder Satzung erlassen worden ist, sofern die Anordnung auf die Bußgeldvorschrift verweist,

3.

    ohne die erforderliche Genehmigung (§ 62 Abs. 1), Teilbaugenehmigung (§ 74), Abweichung (§ 71) oder abweichend davon bauliche Anlagen errichtet, ändert, benutzt oder entgegen § 63 Abs. 3 Satz 2 bis 4 beseitigt,

4.

    entgegen § 68 Abs. 3 mit der Ausführung eines Bauvorhabens beginnt,

5.

    entgegen § 76 Abs. 2 Fliegende Bauten ohne Ausführungsgenehmigung oder entgegen § 76 Abs. 7 ohne Anzeige oder Abnahme in Gebrauch nimmt,

6.

    entgegen § 73 Abs. 5 Bauarbeiten, entgegen § 63 Abs. 3 Satz 6 mit der Beseitigung einer Anlage beginnt, entgegen § 79 Abs. 1 Bauarbeiten fortsetzt oder entgegen § 79 Abs. 2 bauliche Anlagen nutzt,

7.

94

die Baubeginnsanzeige nach § 73 Abs. 7 nicht oder nicht fristgerecht erstattet,

8.

Bauprodukte mit dem Ü-Zeichen kennzeichnet, ohne dass dafür die Voraussetzungen nach § 23 Abs. 4 vorliegen,

9.

Bauprodukte entgegen § 18 Abs. 1 Satz 1 Nr. 1 oder 2 ohne Ü-Zeichen oder CE-Zeichen verwendet,

10.

Bauarten nach § 22 ohne die erforderliche allgemeine bauaufsichtliche Zulassung, das allgemeine bauaufsichtliche Prüfzeugnis oder die Zustimmung im Einzelfall anwendet,

11.

als Bauherrin oder Bauherr, Entwurfsverfasserin oder Entwurfsverfasser, Unternehmerin oder Unternehmer, Bauleiterin oder Bauleiter oder als deren Vertreterin oder Vertreter § 54 Abs. 1, § 55 Abs. 1 Satz 3, § 56 Abs. 1 oder § 57 Abs. 1 zuwiderhandelt,

12.

als Bauherrin oder Bauherr, Unternehmerin oder Unternehmer oder als Bauleiterin oder Bauleiter entgegen § 12 Abs. 2 bei Gefährdung unbeteiligter Personen durch die Baustelle die Gefahrenzone nicht oder nicht ausreichend abgrenzt oder durch Warnzeichen nicht oder nicht ausreichend kennzeichnet, oder Baustellen, soweit es erforderlich ist, nicht mit einem Bauzaun abgrenzt und mit Schutzvorrichtungen gegen herabfallende Gegenstände versieht und beleuchtet,

13.

als Unternehmerin oder Unternehmer entgegen § 12 Abs. 3 bei der Ausführung genehmigungsbedürftiger Bauvorhaben oder Bauvorhaben im Sinne des § 68 Abs. 1 nicht an der Baustelle dauerhaft ein Schild anbringt, das die Bezeichnung des Bauvorhabens und die Namen und Anschriften der Entwurfsverfasserin oder des Entwurfsverfassers, der Bauleiterin oder des Bauleiters und der Unternehmerin oder des Unternehmers enthält,

14.

als Bauherrin oder Bauherr, Unternehmerin oder Unternehmer oder als

Bauleiterin oder Bauleiter entgegen § 12 Abs. 4 Bäume, Hecken und sonstige Bepflanzungen nicht schützt,

15.

als Entwurfsverfasserin oder Entwurfsverfasser oder als Aufstellerin oder Aufsteller der bautechnischen Nachweise nach § 70 Abs. 2, die in die Liste nach § 15 Abs. 1 Satz 1 Nr. 5 des Architekten- und Ingenieurkammergesetzes eingetragen sind, entgegen § 65 Abs. 6 Satz 1 nicht ausreichend berufshaftpflichtversichert ist und im Einzelfall bestehende Haftungsausschlussgründe nach § 65 Abs. 6 Satz 4 nicht unverzüglich offenbart,

16.

als Entwurfsverfasserin oder Entwurfsverfasser, als Aufstellerin oder Aufsteller der bautechnischen Nachweise oder als Fachplanerin oder Fachplaner nach § 55 Abs. 2 eine unrichtige Erklärung im Sinne des § 68 Abs. 6 oder des § 69 Abs. 4 abgibt,

17.

als Entwurfsverfasserin oder Entwurfsverfasser den Vorschriften dieses Gesetzes über das barrierefreie Bauen nach § 52 zuwiderhandelt.

(2) Ordnungswidrig handelt auch, wer wider besseren Wissens

1.

unrichtige Angaben macht oder unrichtige Pläne oder Unterlagen vorlegt, um einen nach diesem Gesetz möglichen Verwaltungsakt zu erwirken oder zu verhindern,

2.

als Prüfingenieurin oder Prüfingenieur für Standsicherheit unrichtige Prüfberichte erstellt oder als Prüfsachverständige oder Prüfsachverständiger unrichtige Bescheinigungen über die Einhaltung bauordnungsrechtlicher Anforderungen ausstellt.

(3) Die Ordnungswidrigkeit kann mit einer Geldbuße bis zu 500.000 Euro geahndet werden.

(4) Ist eine Ordnungswidrigkeit nach Absatz 1 Nr. 8 bis 10 begangen worden, können Gegenstände, auf die sich die Ordnungswidrigkeit bezieht, eingezogen werden. § 19 des Gesetzes über Ordnungswidrigkeiten ist anzuwenden.

(5) Verwaltungsbehörde im Sinne des § 36 Abs. 1 Nr. 1 des Gesetzes über Ordnungswidrigkeiten ist in den Fällen des Absatzes 1 Nr. 8 bis 10 die oberste Bauaufsichtsbehörde, in dem Fall des Absatzes 1 Nr. 15 der Vorstand der

Architekten- und Ingenieurkammer Schleswig-Holstein und in den übrigen Fällen der Absätze 1 und 2 die untere Bauaufsichtsbehörde.

§ 83
Verordnungsermächtigungen

(1) Zur Verwirklichung der in § 3 bezeichneten Anforderungen wird die oberste Bauaufsichtsbehörde ermächtigt, durch Verordnung Vorschriften zu erlassen über

1.

die nähere Bestimmung allgemeiner Anforderungen der §§ 4 bis 50,

2.

Anforderungen an Feuerungsanlagen, sonstige Anlagen zur Wärmeerzeugung und Brennstoffversorgung (§ 43),

3.

besondere Anforderungen oder Erleichterungen, die sich aus der besonderen Art oder Nutzung der baulichen Anlagen für Errichtung, Änderung, Unterhaltung, Betrieb und Nutzung ergeben (§ 51), sowie über die Anwendung solcher Anforderungen auf bestehende bauliche Anlagen dieser Art,

4.

Erst-, Wiederholungs- und Nachprüfung von Anlagen, die zur Verhütung erheblicher Gefahren oder Nachteile ständig ordnungsgemäß unterhalten werden müssen, und die Erstreckung dieser Nachprüfungspflicht auf bestehende Anlagen,

5.

die Anwesenheit fachkundiger Personen beim Betrieb technisch schwieriger baulicher Anlagen und Einrichtungen wie Bühnenbetriebe und technisch schwierige Fliegende Bauten einschließlich des Nachweises der Befähigung dieser Personen,

6.

Art, Umfang und Höhe der in § 65 Abs. 6 Satz 1 vorgeschriebenen Berufshaftpflichtversicherung.

(2) Die oberste Bauaufsichtsbehörde wird ermächtigt, durch Verordnung Vorschriften zu erlassen über

1.

97

Prüfingenieurinnen und Prüfingenieure für Standsicherheit und Prüfämter für Standsicherheit, denen bauaufsichtliche Prüfaufgaben einschließlich der Bauüberwachung und der Bauzustandsbesichtigung übertragen werden, sowie

2.

Prüfsachverständige, die im Auftrag der Bauherrin oder des Bauherrn oder der oder des sonstigen nach Bauordnungsrecht Verantwortlichen die Einhaltung bauordnungsrechtlicher Anforderungen prüfen und bescheinigen.

Die Verordnungen nach Satz 1 regeln, soweit erforderlich,

1.

die Fachbereiche und die Fachrichtungen, in denen die Prüfingenieurinnen und Prüfingenieure für Standsicherheit, Prüfämter für Standsicherheit und Prüfsachverständige tätig werden,

2.

die Anerkennungsvoraussetzungen und das Anerkennungsverfahren,

3.

Erlöschen, Rücknahme und Widerruf der Anerkennung einschließlich der Festlegung einer Altersgrenze,

4.

die Aufgabenerledigung,

5.

die Vergütung.

Die oberste Bauaufsichtsbehörde kann durch Verordnung ferner

1.

den Leiterinnen oder Leitern und stellvertretenden Leiterinnen oder Leitern von Prüfämtern für Standsicherheit sowie den Brandschutzingenieurinnen oder Brandschutzingenieuren im Sinne des § 2 der Landesverordnung über die Brandverhütungsschau vom 4. November 2008 (GVOBl. Schl.-H. S. 586) und den Leiterinnen oder Leitern und stellvertretenden Leiterinnen oder Leitern der Abteilung für vorbeugenden Brandschutz der Berufsfeuerwehren die Stellung einer oder eines Prüfsachverständigen nach Satz 1 Nr. 2 zuweisen,

2.

soweit für bestimmte Fachbereiche und Fachrichtungen
Prüfsachverständige nach Satz 1 Nr. 2 noch nicht in ausreichendem
Umfang anerkannt sind, anordnen, dass die von solchen
Prüfsachverständigen zu prüfenden und zu bescheinigenden
bauordnungsrechtlichen Anforderungen bauaufsichtlich geprüft werden
können.

(3) Die oberste Bauaufsichtsbehörde wird ermächtigt, durch Verordnung
Vorschriften zu erlassen über

1.

Umfang, Inhalt und Zahl der erforderlichen Bauvorlagen einschließlich der
Bauvorlagen bei der Anzeige der beabsichtigten Beseitigung von Anlagen
nach § 63 Abs. 3 Satz 2 und bei der Genehmigungsfreistellung nach § 68,

2.

die erforderlichen Anträge, Anzeigen, Nachweise, Bescheinigungen und
Bestätigungen, auch bei verfahrensfreien Bauvorhaben,

3.

das Verfahren im Einzelnen.

Sie kann dabei für verschiedene Arten von Bauvorhaben unterschiedliche
Anforderungen und Verfahren festlegen.

(4) Die oberste Bauaufsichtsbehörde wird ermächtigt, zur Vereinfachung,
Erleichterung oder Beschleunigung des bauaufsichtlichen Verfahrens oder zur
Entlastung der Bauaufsichtsbehörden durch Verordnung Vorschriften zu
erlassen über

1.

weitere und weitergehende Ausnahmen von der
Genehmigungsbedürftigkeit oder Genehmigungsfreistellung,

2.

die Änderung des Baugenehmigungsverfahrens oder
Genehmigungsfreistellungsverfahrens sowie die Einführung sonstiger
Verfahren für bestimmte Vorhaben; sie kann auch vorschreiben, dass auf
die behördliche Prüfung öffentlich-rechtlicher Vorschriften ganz oder
teilweise verzichtet wird,

3.

den vollständigen oder teilweisen Wegfall der bautechnischen Prüfung bei bestimmten Arten von Bauvorhaben,

4.

die Übertragung von Prüfaufgaben der Bauaufsichtsbehörde im Rahmen des bauaufsichtlichen Verfahrens einschließlich der Bauüberwachung und Bauzustandsbesichtigung auf sachverständige Personen oder sachverständige Stellen,

5.

Prüfaufgaben nach § 59 Abs. 5 Satz 3, bei denen sich die Bauaufsichtsbehörde bestimmter sachverständiger Personen bedienen muss,

6.

die Aufsicht über sachverständige Personen und sachverständige Stellen,

7.

die Einrichtung, die Aufgaben und die Zusammensetzung eines Landesausschusses für Standsicherheit,

8.

die Heranziehung von sachverständigen Personen und sachverständigen Stellen nach § 59 Abs. 5 Satz 1.

Sie kann dafür Voraussetzungen festlegen, die die verantwortlichen Personen nach den §§ 54 bis 57 oder die sachverständigen Personen oder sachverständigen Stellen zu erfüllen haben; in den Fällen des Satzes 1 Nr. 3 und 4 sind die erforderlichen Voraussetzungen zu regeln. Dabei können die Fachbereiche, in denen sachverständige Personen oder sachverständige Stellen tätig werden, bestimmt und insbesondere Mindestanforderungen an die Fachkenntnis sowie in zeitlicher und sachlicher Hinsicht an die Berufserfahrung festgelegt, eine laufende Fortbildung vorgeschrieben, durch Prüfungen nachzuweisende Befähigung bestimmt, der Nachweis der persönlichen Zuverlässigkeit und einer ausreichenden Haftpflichtversicherung gefordert und Altersgrenzen festgesetzt werden. Die oberste Bauaufsichtsbehörde kann darüber hinaus auch eine Anerkennung der sachverständigen Personen und sachverständigen Stellen vorschreiben, das Verfahren und die Voraussetzungen für die Anerkennung, ihren Widerruf, ihre Rücknahme und ihr Erlöschen sowie für Prüfungen die Bestellung und Zusammensetzung der Prüfungsorgane und das Prüfungsverfahren regeln.

(5) Die oberste Bauaufsichtsbehörde wird ermächtigt, durch Verordnung

1.

   die Zuständigkeit für die Anerkennung von Prüf-, Zertifizierungs- und Überwachungsstellen (§ 26 Abs. 1 und 3) auf andere Behörden zu übertragen; die Zuständigkeit kann auch auf eine Behörde eines anderen Landes übertragen werden, die der Aufsicht einer obersten Bauaufsichtsbehörde untersteht oder an deren Willensbildung die oberste Bauaufsichtsbehörde mitwirkt,

2.

   das Ü-Zeichen festzulegen und zu diesem Zeichen zusätzliche Angaben zu verlangen,

3.

   das Anerkennungsverfahren nach § 26 Abs. 1, die Voraussetzungen für die Anerkennung, ihre Rücknahme, ihren Widerruf und ihr Erlöschen zu regeln, insbesondere auch Altersgrenzen festzulegen, sowie eine ausreichende Haftpflichtversicherung zu fordern,

4.

   Vorschriften zu erlassen über die Verwaltungsgebühren, Vergütung und den Auslagenersatz für die Tätigkeit von Behörden, Personen, Stellen und Überwachungsgemeinschaften nach § 26.

(6) Die oberste Bauaufsichtsbehörde wird ermächtigt, durch Verordnung zu bestimmen, dass die Anforderungen der aufgrund des § 14 des Gesetzes über technische Arbeitsmittel und Verbraucherprodukte und des § 49 Abs. 4 des Energiewirtschaftsgesetzes vom 7. Juli 2005 (BGBl. I S. 1970), geändert durch Artikel 7 des Gesetzes vom 9. Dezember 2006 (BGBl. I S. 2833), erlassenen Verordnungen entsprechend für Anlagen gelten, die weder gewerblichen noch wirtschaftlichen Zwecken dienen und in deren Gefahrenbereich auch keine Arbeitnehmerinnen oder Arbeitnehmer beschäftigt werden. Sie kann auch die Verfahrensvorschriften dieser Verordnungen für anwendbar erklären oder selbst das Verfahren bestimmen sowie Zuständigkeiten und Gebühren regeln. Dabei kann sie auch vorschreiben, dass danach zu erteilende Erlaubnisse die Baugenehmigung oder die Zustimmung nach § 77 einschließlich der zugehörigen Abweichungen einschließen sowie dass § 15 Abs. 2 des Gesetzes über technische Arbeitsmittel und Verbraucherprodukte insoweit Anwendung findet.

(7) Die Landesregierung wird ermächtigt, die Ausstattung sowie den Betrieb von Zelt- und Campingplätzen durch Verordnung zu regeln, insbesondere

1.

   Art und Größe der Belegungsflächen und der Zelte und anderen beweglichen Unterkünfte sowie die Dauer der Aufstellung,

2.

Art und Umfang der Ausstattung, die erforderlich ist, um die Anforderungen der Hygiene, die ordnungsgemäße Ver- und Entsorgung, die Erste Hilfe und den Brandschutz sicherzustellen,

3.

die Anlage von Grünflächen und Stellflächen für Fahrzeuge und

4.

die Pflichten der Betreiberin oder des Betreibers und der Benutzerinnen und Benutzer des Zelt- und Campingplatzes.

In der Verordnung können das bauaufsichtliche Verfahren und die für die Durchführung der Verordnung zuständigen Behörden bestimmt werden.

§ 84
Örtliche Bauvorschriften

(1) Die Gemeinden können durch Satzung örtliche Bauvorschriften erlassen über

1.

besondere Anforderungen an die äußere Gestaltung baulicher Anlagen sowie von Werbeanlagen und Warenautomaten zur Erhaltung und Gestaltung von Ortsbildern,

2.

über das Verbot von Werbeanlagen und Warenautomaten aus ortsgestalterischen Gründen,

3.

den barrierefreien Zugang von öffentlichen Verkehrswegen, Stellplätzen und Garagen zu den Wohnungen auch innerhalb des Grundstücks,

4.

die Lage, Größe, Beschaffenheit, Ausstattung und Unterhaltung von Kleinkinderspielplätzen (§ 8 Abs. 2),

5.

die Gestaltung einschließlich der barrierefreien Gestaltung der Plätze für bewegliche Abfallbehälter und der unbebauten Flächen der bebauten Grundstücke sowie über die Notwendigkeit, Art, Gestaltung und Höhe von Einfriedungen; dabei kann bestimmt werden, dass Vorgärten nicht als Arbeitsflächen oder Lagerflächen benutzt werden dürfen,

6.

die Begrünung baulicher Anlagen.

(2) Die Satzung kann auch nach § 10 des Baugesetzbuchs bekannt gemacht werden.

(3) Örtliche Bauvorschriften können als Festsetzungen in Bebauungspläne und in Satzungen nach § 34 Abs. 4 Satz 1 Nr. 2 und 3 des Baugesetzbuchs aufgenommen werden. Die verfahrensrechtlichen Vorschriften des Baugesetzbuchs gelten entsprechend.

(4) Anforderungen nach den Absätzen 1 und 2 können innerhalb der örtlichen Bauvorschrift auch in Form zeichnerischer Darstellungen gestellt werden. Ihre Bekanntgabe kann dadurch ersetzt werden, dass dieser Teil der örtlichen Bauvorschrift bei der Gemeinde zur Einsicht ausgelegt wird; hierauf ist in den örtlichen Bauvorschriften hinzuweisen.

§ 85
Übergangsvorschriften

(1) Die vor Inkrafttreten dieses Gesetzes eingeleiteten Verfahren sind nach den bisherigen Vorschriften weiterzuführen. § 60 bleibt unberührt.

(2) Anerkennungen von Stellen als Prüf-, Überwachungs- und Zertifizierungsstellen, die bis zum 26. März 2010 erteilt wurden, gelten bis zum 31. Dezember 2012.

§ 86
Inkrafttreten, Außerkrafttreten

(1) Dieses Gesetz tritt am ersten Tage des auf seine Verkündung folgenden dritten Monats in Kraft. Abweichend von Satz 1 treten die Vorschriften über die Ermächtigung zum Erlass von Rechtsvorschriften am Tage nach der Verkündung in Kraft.

(2) Gleichzeitig treten die Landesbauordnung in der Fassung der Bekanntmachung vom 10. Januar 2000 (GVOBl. Schl.-H. S. 47, ber. S. 213)2), zuletzt geändert durch Artikel 2 des Gesetzes vom 20. Juli 2007 (GVOBl. Schl.-H. S. 364), und Artikel 1 Abs. 1 des Gesetzes zur Ausführung des Baugesetzbuchs und zur Änderung der Landesbauordnung (Baugesetzbuch-Ausführungsgesetz - AGBauGB) vom 21. Oktober 1998 (GVOBl. Schl.-H. S. 303)3), geändert durch Gesetz vom 20. Dezember 2004 (GVOBl. Schl.-H. 2005 S. 3), außer Kraft.

Das vorstehende Gesetz wird hiermit ausgefertigt und ist zu verkünden.

Kiel, 22. Januar 2009

Peter Harry Carstensen   Lothar Hay

Ministerpräsident   Innenminister